古事記で謎解き
ほんとにスゴイ！日本

日本大好きイラストレーター
ふわこういちろう
Koichiro Fuwa

サンマーク出版

いまこそ、
本当の「日本」の力を
知るときがきた！

ゴゴゴゴゴゴ

登場人物

DJサルタ
道開きの神・猿田比古大神《さるたひこのおおかみ》の
生まれ変わり
日本についてあれやこれやくわしい

ウズメちゃん
芸能の神・天宇受賣命《あめのうずめのみこと》の
生まれ変わり
神社は好きだけど歴史は苦手

うさぴょん（神様）
古事記に出てくる因幡《いなば》の白兎
大国主を崇拝している

著者
イラストレーター
毎日お米を食べる　なで肩

プロローグ

<プロローグ> 日本人としての新しい道!?

古事記と神社と
歴史を知っちゃうと
日本人としての
新しい道が
ぱっかーーって
開かれるんよ
ぱっか〜〜
???
ちょっとなに言ってるのかさっぱりわかんない
本編読めばそれが段々わかってくるにやわ
神様ってどんな方なんだろ
やっぱり男前なのかな?
それとも天女のように美しい方かな?
あっそうそうスペシャルゲストに神様を呼んどったん
神様来るの?
おーーい神様ーーー!
うはははは
ドキドキ…

私が神だ！
神様だ
ぴょん!!
ぴょん
うさぎかい!!
しかも「ぴょん」て
ひねりなしかい！
ムカッ
すちゃ
小刀所持
ヒューヒュー
ただの
うさぎと
チャウ
ぴょん！
ペチコーン
ぶべ
古事記に書いて
あるやろ
ブー
ブー
ブー
ブー
古事記
なんか知らん
もん
大国主様に
助けられた
因幡の白兎
ぴょん
白兎《はくと》神社に
ちゃんと祀《まつ》られ
とるぴょん
ふーん
でもなウズメちゃん
古事記ってな
日本人にとって
とっても大切な
本なんやに
欧米でいう
ところの
聖書やで

一言でいうと日本人のルーツや
あれ見てみ
令和
あ! 知ってる元号でしょ
この元号にたどり着くまでの長~い歴史があるんやに
……慶応
明治
大正
昭和
平成
令和
歴史か~
そのと——り!
バッ
!!
あ…あなたは!!

ちょちょちょちょちょちょ
著者――――!!
うむ
いかにも
CHOSYA
ぱっかー
この本の著者ってこんなダサイおっさんだったの
出てくる意味あるの?
ぼくの筆ひとつでどーとでもなるわ
ひぃ〜〜やめて〜〜
スラスラ
うりうり…
で…なんで出てきたんですか?
うむ…この本を書くにあたって先に言っときたいことがあったんだがや
(名古屋弁)

むかしむかし神童と呼ばれとったぼくは(呼ばれてない)学校やテレビとかで受けた教育のせいで「日本が嫌い」だった
日本の戦争
日本史
日本ってしょーもない国だな～歴史もたいしたことねーし。戦争でひでーことしてきたんだ…
やっぱ世界史のほうがおもろいな…
こんな感じに日本って国を色めがねで見とったわ
この話長いの?
でもな大人になって自分で歴史を調べたらそれが逆転したんだわ!
あれ?教わった話と全然違うんだけど…
な…なんだと…どーいうこと?
日本ってかなりスゲーんじゃねーの?
それからぼくは本当の日本の歴史をわくわくしながら吸収していったいままで色めがねで見ててゴメンなさいという気持ちもあった
に…日本とはこういう国だったのか…
まだ続くの…

そして
4年前には
日本の原点である
古事記を出版した
まんが古事記
じゃ
ん
アチョー
宣伝
ぶっこむ
始末…
はー
買ってな！
そこの君!!
んで！
この本では
ぼくが知った
わくわくする
誇らしい
日本の歴史を
たっぷり紹介
するでな！
感動する日本！
古事記
神社
歴史
誇り！
ザッ
この3つが
三位一体と
なったとき

令和
新たな時代の道が開く!!!
知らんけど
終わったかな?
気が済んだかな?
その役目を君たちに託すわ
さあ行け若人よ…
たのむぞDJサルタ
は…はい
うっ…
さて原稿書くか…
じゃ本編行ってくるぴょん
あの人話長いよね
ってかくどい…
キモ!

古事記で謎解き　ほんとにスゴイ！　日本《もくじ》

2 ぼくらの日常に隠されていたすごい日本

3 身近な神社に隠された秘密

4 さて、日本の魔法を解くよ

装丁／本文デザイン　冨澤崇（EBranch）
ＤＴＰ　朝日メディアインターナショナル
編集協力　株式会社ぷれす
編集　金子尚美（サンマーク出版）

1 古事記で日本の謎が解ける

日本って
「現存する最古の国」って知ってた？

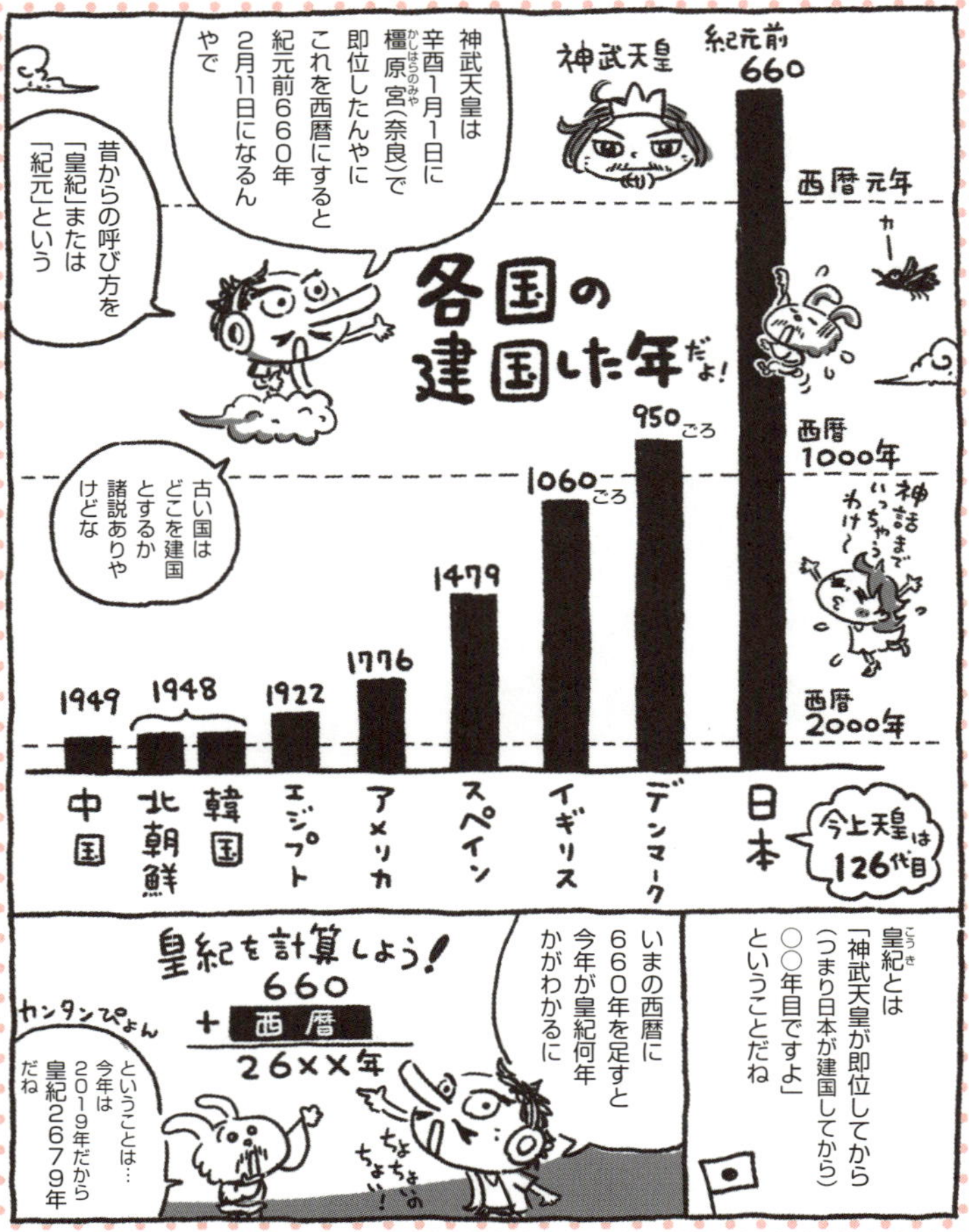

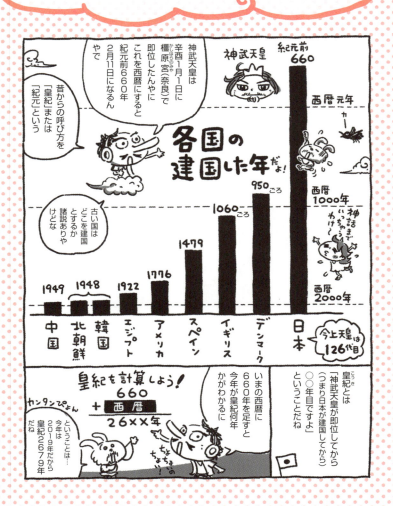

世界にはたくさんの国があって、国連加盟国でいえば193か国あります。

「現存する最古の国はどこでしょうか？」って質問したらなんて答えます？

「エジプト～！」とか「中国～！」とか答えるんじゃないかな？

たしかに、歴史教科書の最初の方に、ピラミッドとか万里の長城とか出てくるしね。ラムセス2世やツタンカーメン、秦の始皇帝とか『三国志』ね。ぼくも大好きですよ。

でもどちらも不正解です。

現在のエジプト・アラブ共和国は、1922年イギリスからの独立で建国されました。だからまだ97年。現在の中国は「中華人民共和国」が正式名称です。毛沢東によって1949年建国されたので70年。お隣の韓国や北朝鮮だって1948年建国だから2019年で71年。

じゃあアメリカは？　というと、イギリスからの独立戦争で1776年に建国したので2019年で243年ね。

どこの国だって、その土地の歴史をさかのぼればさまざまな国がありました。エジプトだと古代エジプト王朝とか、中国だと夏《か》とか殷《いん》とか。朝鮮半島だって、高句麗・新羅・百済とか李氏朝鮮とかね。

でもぜ〜〜〜んぶ潰れちゃいました。**国とは、できては潰れ、できては潰れの繰り返しです。それが世界の歴史です。**

国を「お店」だと考えるとわかりやすいです。

ある土地に「お米屋さん」が開店したとします。最初、景気がよかったけれど、何年かして倒産しました。そこに別の人がやってきて「お肉屋さん」を開店しますが、やはり何年かして倒産します。

さらに別の人がやってきて、現在この土地は「コンビニ」になっています。

このコンビニと以前あったお米屋さんは、場所（土地）は同じですが経営者が違いますよね。つまりまったく別のお店がいまはあるということです。

じゃあ日本はどうでしょう。

日本っていうお店はいつ誰が創業（建国）したのでしょうか？

古事記によると日本は神武天皇が創業し、そっからずーーーーーーーっと現代まで天皇が続いているんです。

紀元前660年が建国なので今年で創業2679年です！

現在の今上《きんじょう》陛下は126代目です。

お店でいうところの超超超超老舗なんです。すごくない!?

世界を見渡すと建国して100年も経《た》っていない国ばかりです。短い国でいうと南スーダンは2011年建国なので、まだ創業8年ってところでしょう。アメリカの243年はまあまあ長い方ですよ。でも日本と比べたらケタが違います！　日本はアメリカの10倍以上ありますから（笑）。

ちなみに世界で2番目に古い国はデンマークです。デンマーク王室は約1070年の歴史があります。

3番目に古い国はイギリスです。イギリス王室の歴史は約950年です。

どこの国だって建国を説明するのに神話までさかのぼる必要はありません。アメリカだったら、イギリスからの独立戦争の記録など資料がたくさんあるでしょうし、中国だったら毛沢東がどうやって国を作ったか写真だって映像だって残っています。

神話までさかのぼらなきゃ建国が説明できない国は、世界でも日本だけです。

ちょっとカッコよくない？　ってぼくなんて思っちゃいます。

「古事記なんてしょせん神話じゃん！　ありえん！　ありえん！」って言う人もいるかもしれません。

でも、**科学的に見ても1800年はさかのぼれます。**

どちらにしても世界最古に変わりはありません。

もし知人に外国の方がいたら聞いてみてください。

「あなたの国は建国したのはいつですか？」ってね。

そこで「日本は神武天皇から2019年で2679年続いてます」って言ったらビビりますよ。

「建国記念の日」ってなんだ？

毎年2月11日は「建国記念の日」です。

でも建国記念の日って生きてきてあまり意識したことないですよね、普通。

本当はめっちゃくちゃ重要な日なんです。

だってね、日本が建国された日ですよ！

日本が誕生した日！　わーーー！　おめでとーーー！　ってなるよね？

ならん？　まあ、ならんよね～（笑）。

日本ほど「建国」の意識が低い国はないんです。まあ、ぼくも大して騒がんけど、神社に参拝するくらいかな。

その点、世界の国々の建国記念日はアツいですよ！　**なんてったって自分の国ができた日ですから、一年で一番お祝いするものです。**盛大ですよ～そりゃ☆
アメリカだったら、1776年7月4日にイギリスからの独立戦争を経てアメリカ合衆国という国ができました。だから毎年7月4日の独立記念日は国を挙げての盛大なお祝いをします。日本でいえばサッカーのワールドカップのときのように盛り上がります。

中国だったら10月1日の国慶節《こっけいせつ》、要は建国記念日です。天安門広場で記念式典が行われます。

フランスだったら7月14日、革命記念日（建国記念日）です。パリでは軍事パレードが行われて、夜には花火が上がるんですって。すごいですね。

こんな感じで、どこの国も建国記念日はお祭り騒ぎでのお祝いなんです。

じゃあ、ぼくたちの日本はどうだろ？

ほ・と・ん・ど、チーーーーンだわ（笑）。

建国記念の日といっても日本がいつ、どうやって、誰が建国したのかなんてほとんどの人が知りません。

よって日本人にとって2月11日は「ただの祝日」であって、誰も関心をもちません。なんとも残念な話です……。

さっきも言いましたが、**日本を建国したのは神武天皇で即位したのが紀元前660年です。キリスト誕生よりも600年以上古いんですよ！**　すごくないですかね？　2600年以上前の出来事をいまだに祝日としている国って他にあるんですかね？　ぼくは聞いたことがありません。

余談ですが、世界の国では「建国記念日」といって、日本では「建国記念の日」といいます。なにが違うのかわかりましたか？　**日本の方には「の」が入っているんですよ。**

じつは、日本でこの「建国記念の日」を制定するにあたって国会で結構モメたんですよ（笑）。

戦前はこの2月11日を「紀元節」とい

う名前で呼んでいました。戦後に紀元節に代わる名称をつけることになったのですが、「の」がない「建国記念日」の案が有力でした。

しか〜し！　国会で論争が起こり、「の」を入れることになりました。

どういうことかというと、「建国記念日」と言い切っちゃうと、まさに2月11日は神武天皇が建国した日だということになります。

「の」を入れることで、２月11日は神武天皇とは関係なく日本ができた「ただの日」というニュアンスを作りたかったようです。

せっかくの世界最古の建国の記念日。

お近くの神社にお参りしてみるのもいいのではないでしょうか？

ぼくらは古事記の上に生きている

ぼくたちの日本って国は、「古事記」の上に成り立っています。

でも、「読んだことねーし」「自分にはカンケーねーし」って人が大半だよね。

欧米では「聖書」の上に国や社会ができているように、日本は「古事記」の上にできているといっても過言ではありません。

ただ、おそらく国民の99％以上が普段生活していて、「古事記のおかげでいまの生活があるんだな〜〜」とは意識していないと思います。


この話を解説するには、いまの天皇陛下のお話からしないといけません。

この度、新天皇が即位されましたよね！　ここでひとつ質問です。

新天皇陛下は、どうして天皇になることができたのでしょうか？

天皇になれる基準って、頭がいいとか、人徳があるとか、お金があるとか、武力があるとかじゃないんです。

ただただ「血」です。「血統」なんです。

つまり「お父さんが上皇（前天皇）陛下だったから」。これが唯一の理由です。

じゃあ上皇陛下が天皇になれたのは？　お父さんが昭和天皇だったからです。

じゃあ昭和天皇が天皇になれたのは？　お父さんが大正天皇だったからです。

じゃあ大正天皇が天皇になれたのは？　お父さんが明治天皇だったからです。

これね、キリがないんですけど、お父さんの、お父さんの、お父さんの、お父さんの、お父さんの、お父さんの……って**「お父さんだけ」を辿《たど》っていくと、初代の神武天皇にたどり着きます。**

じゃあ、神武天皇が天皇になれたのはなぜでしょうか？

答えは「古事記を読んでください」です。

古事記を読むとアマテラスやニニギが出てきて、こうこうこういう理由で神武天皇は即位しました、という物語が書かれています。

つまり神武天皇の正統性は古事記が担保しているわけです。

もし古事記がなかったり、偽書だったり、なにかしらの形で否定される書物だったとしたら初代神武天皇に正統性がなくなってしまいます。

となると、歴代の天皇１２６代全員が正統性を失うことになってしまいます。

つまりいまの天皇陛下でさえも正統性がなくなってしまい、天皇でいられなくなってしまいます。

こうなったら一大事ですよ！　天地がひっくり返ります！

天皇というのは、日本のあらゆることに関係していますから。

内閣総理大臣を任命する（憲法第6条）のは天皇の仕事です。

正統性のない天皇に任命された内閣総理大臣は正統性がないので、その場で失職ですよ。正統性のない内閣総理大臣に任命された各閣僚も失職です。

そもそも選挙を行うにも、国会を招集するにも、衆議院を解散するにも天皇なしにはできません。

さらに天皇は憲法、法律、政令などあらゆることに関係しているので、**憲法も法律もすべて無効になってしまいます。**

「公務」というのがなくなるので数百万人といる国会議員、裁判官、検察官、警察官、自衛官、学校の先生など公務員は全員失職です。

法が無効になるということは、わかりやすいところでいうと、道路交通法もなくなってしまいますので、赤信号のところを車で走っても大丈夫です（笑）。走ったところで取り締まる側の警察も存在しませんので。

お金だって日本銀行法によって価値が保証されているので、法がなくなってしまえばただの紙屑《かみくず》です。

言わば無法地帯ってことだね。『北斗の拳』の世界（笑）。

要は日本国、日本社会が崩壊するのと同じ意味です。

そうなったらぼくたち日本人（日本って言葉も存在するかどうか……）は新しく国を作らなければいけなくなります。

いままで通りの資本主義がいいのか、または新たに社会主義を取り入れるのか？　君主国がいいのか、共和国がいいのか？　全部一からやり直しになります。

いかがでしょうか？　古事記の上にいまの日本国が成り立っているということがわかりました？　普段古事記を意識して生きている人はほとんどいないと思いますが、その影響は計りしれません。

古事記は、日本国の根幹をなす重要な書物です。

本来ならば義務教育で教えるものであって、国民必読の書だとぼくは思います。

偽書？　ファンタジー？
真実は「そう伝わっていること」

神話って、ぶっ飛んでいますよね？

そこが魅力でもあるんですけど、信ぴょう性に欠けるともいえます。

古事記でいうとヤマタノオロチという化け物が出てきたり、ニニギが高天原から地上に降臨したり、神武天皇は137歳まで生きました……とかね。

話としては面白いのですが、これって本当なんですかね？

現実的に考えてこれはちょっとありえねーだろ！　っていう話がちょいちょい出てきます。


ありえないから、「実在しなかった」「嘘《うそ》に決まっている」と言う人もいるでしょう。歴史書として「読む価値がない」とか「ファンタジーの世界だ！」とかね。

たしかに、作り話の部分があるかもしれませんが、それを100％否定することはできません。

本当にヤマタノオロチがいたのかもしれませんし、神武天皇は137歳まで生きたのかもしれません。そこを追いかけて研究していくのが楽しいところでもありますが、真相は永遠にわかりません。

ただね、正直どっちでもいいと思うんです。

ヤマタノオロチがいたとかいないとか、神武天皇が137歳まで生きたとか生きていないとか、そもそも実在しなかったんじゃないかとか。

だってね、世界の神話を見渡すとありえないことがいっぱいなんです。

たとえば旧約聖書を読むと、モーゼがイスラエルの民を助けるときに神に祈ったら海がバババババーッと2つに割れて、そこを通って助かりました！　とかね。

これ本当ですかね？

キリストの母マリアは処女だけどキリストを身ごもった！　とか、キリストが水の上を歩いたとか。

これ本当ですかね？

仏教でいうと、ブッダは母マーヤ王妃の脇腹から生まれて、生まれてすぐ歩いて天と地を指さして「天上天下唯我独尊」と言ったそうです。

これ本当ですかね？

どこの国だって、その神話や言い伝えを信じているからいまの社会や宗教があります。

仮に欧米のキリスト教社会に行って「マリアの処女懐胎は嘘だ！」「キリストは水の上を歩いていない！」と言ったら、「テメーなんてこと言うんだ！」と世界10数億人のキリスト教信者を敵に回すでしょう。

「マリアは処女で神の子を身ごもった」「キリストは水の上を歩いた」。これが常識なんです。

要はね、**事実かどうかはどーでもよくて、一番大切なのは「そう伝わっている」ということなんです。**それが神話だったり言い伝えだったりね。

そして確かなことは、**「そう伝わっている」を大前提に国や社会、宗教は成り立っているってことです。**

神話のありえないことを否定してしまうと、キリスト教だって仏教だってイスラム教だって崩壊してしまいます。

宗教が崩れると国自体がなくなってしまう可能性もあります。

それくらい神話は世界の国々に現在も影響を与えているんです。日本だって同じですよ。

ただ、さ、「ありえねえ！」ってことで片づけるのもどうかなと思います。

ヤマタノオロチの伝説があったところは、出雲の斐伊《ひい》川付近ともいわれています。毎年嵐で川が氾濫し、人々を川が飲み込んだという話をヤマタノオロチという架空の化け物にたとえて言い伝えたのかもしれません。

神武天皇の時代は、1年で2回（春と秋）歳《とし》をカウントしていたんじゃないかという話もあります。

その土地の言い伝え、神社や史跡などが残っていたりもします。

いままで「嘘だ〜！」と言われていたことでも、発掘調査などで、調べてみたら古事記に書かれていたことが本当なんじゃない!? ということもあるんですよ。

大国主の「国譲り」とか、出雲の「巨大神殿」とかね。

事実かどうかはどーでもいいけど、はじめっから否定するのもつまらないですよね。「もしこれが本当だったら！」という目線も大事だと思います。

人それぞれ調べたり行ってみたりして、妄想をフル回転させて神話を楽しめばいいのかなと思います。結構ロマンあるよ。

余談だけど、昭和50年代初頭まで「古事記は偽書だ！」という論争がありました。「古事記を記した太安万侶《おおのやすまろ》は架空の人物で、古事記は後の世に誰かが書いた偽書である〜！」ってね。それがだよ。**昭和54年（1979年）に、なんと奈良市のとある茶畑から太安万侶の墓が見つかったんです。**

しかも、**墓誌（経歴などを記して墓に埋める板など）に書かれている年代と古事記が書かれた年代が、ぴったりあったんです！**

これによって偽書説もなくなり、太安万侶が実在の人物だと立証されました。

太安万侶を祀《まつ》った多坐弥志理都比古《おおにますみしりつひこ》神社（通称・多神社／奈良）は太安万侶の御子孫が代々宮司さんです。

2000年以上のご縁
高円宮典子様と千家国麿さんのご結婚

平成26年（2014年）に高円宮典子様が、出雲大社権宮司の千家国麿さんとご結婚されました。みんな覚えているかな？　**これね、古事記にもつながるめちゃんこすごい話**なんだけど、たぶんあまりピンときてないよね？

まず高円宮典子様の話、つまり皇室・皇族の話を説明しないとね。

天皇を中心とする一族を総称して「皇室（皇族）」といいます。

その皇室の中に「宮家」があります。宮家とは「男系」の血筋を残すために存在する皇族です（男系については61ページを読んで）。

終戦までは14の宮家がありましたが、戦後GHQによって11の宮家が強制的に皇籍離脱させられちゃいました。

つまり民間人にさせられちゃったってことだね。

その宮家の方たちを「旧皇族」といいます。

残った3つの宮家は大正天皇の子（昭和天皇の弟君）にあたる、秩父宮・高松宮・三笠宮家でした。

その三笠宮から後に高円宮になり、お生まれになったのが、典子様（昭和63年生）です。

宮家というのは「男系」なので、典子様のお父さんの、お父さんの、お父さんの、お父さんの……と辿ると神武天皇にたどり着きます。

さらにその先を辿ればアマテラスということです。

逆にいうと、アマテラスの男系の子孫が典子様ってことだね。

つぎに出雲大社の千家国麿さんの話です。

千家家は世襲で出雲大社の宮司を務めています。

現在の宮司は国麿さんのお父さんです。

この千家家、ずううううっとご先祖様を辿るとどこにつながるでしょうか？

一番さかのぼると、古事記に登場するアメノホヒという神様にたどり着きます。

古事記を読んだことのある方ならおわかりかもしれませんが、**アメノホヒはア**

マテラスの次男です。

アマテラスの命を受け大国主と国譲りの交渉をしますが、話をしているうちに大国主のことが大好きになり家臣になってしまうんです。

それがもとで、出雲大社を守る宮司の家系（出雲国造家《こくそうけ》）になっていきます。

アメノホヒを初代とし、現在の宮司は84代目です。皇室と同等の血統の長さなのでとっても由緒ある家系です。

アマテラスの長男（アメノオシホミミ）の血筋は、現在の皇室・皇族につながり、かたやアマテラスの次男（アメノホヒ）の血筋は、現在の出雲大社の千家家につながります。

つまりアマテラスの長男と次男の子孫が2000年以上の時を経て結ばれたのが、平成26年の典子様と国麿さんのご結婚ということです！

しかも、大国主のご先祖様を辿るとスサノオにあたります。

そのスサノオの姉がアマテラスなので、**何重にもご縁が重なっているんです！**

これすごくないですか、コレ！！！　鳥肌モノですよ。

お二人のご縁は古事記までさかのぼる「2000年以上のご縁」ともいえます。**縁結びの神といわれている大国主の計らいかもしれませんね。**神話と現代がつながっている日本だからありうる話ですが、世界でこんな壮大な話、聞いたことがありません。

そういえば、出雲大社についてちょっと面白い話があります。出雲大社のご祭神は大国主ですよね。でもね、**平安時代から約800年間はスサノオだったんです！**

理由はややこしいんだけど簡単にいうと、神仏習合によって神道《しんとう》と仏教が合わさったんです。七福神の中の大黒様って大国主のことだからね。そのときの仏教系の伝承で、スサノオが国造りをしたってことになっているんだよね。

たしかに、古事記を読むと「出雲に宮殿を建てろ〜！」との言い出しっぺはスサノオです。

それでスサノオになったのですが、出雲国造家（千家家）が「やはり大国主に戻すべきだ」と訴え、大国主に戻りました。８００年かかったけどね。

現在スサノオは、本殿の真後ろの素鵞社《そがのやしろ》に祀られています。

ちなみに、出雲大社って神話の時代から出雲大社って呼ばれていたと思いますよね？

でも出雲大社と呼ばれるのは明治になってからで、**江戸時代までは「杵築大社《きつきおおやしろ》」でした。**

大勢の神様が集まって築いたのが名前の由来です。歴史が長いと本当にいろいろありますよね。

「神宮」はすべてアマテラスの直系の神社

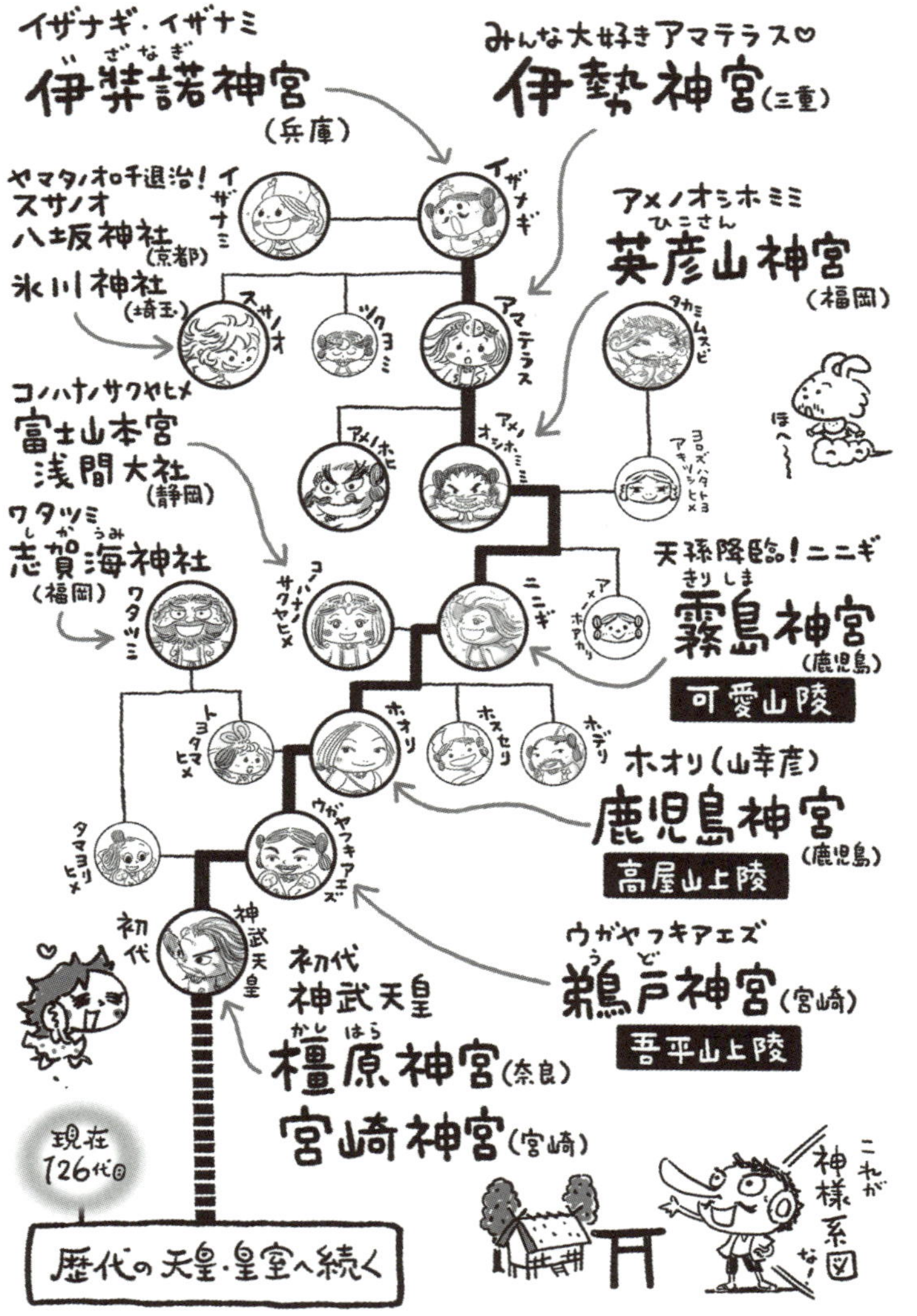

神社って全国に8万社以上あるんです。

その中で社格の高い神社を「○○神宮」といいます。古事記に登場した神様や歴代の天皇が祀られています。

みなさんもご存じの伊勢神宮は、一般的に「伊勢神宮」と呼ばれていますが、正しくありません。本来は「神宮」です。神宮といえば、伊勢を指します。

全国24か所ある神宮の中でも、もっとも尊いところです。

なので、伊勢神宮を指すときは「神宮」または「伊勢の神宮」と呼ぶといいかな。なんか通っぽく聞こえるしね。ただ、この本ではわかりやすく「伊勢神宮」と書かせていただきます。


『日本書紀』によると、神宮と名がつく神社は3か所でした。

伊勢神宮（三重）、石上《いそのかみ》神宮（奈良）、出雲大神宮（出雲大社／島根）です。

その後、鹿島神宮（茨城）や香取《かとり》神宮（千葉）が加わります。

明治時代になると、神宮を名乗るには勅許（天皇の許可）が必要になります。

戦後には政教分離で神社は国の管轄から離れ、どこの神社も自由に神宮を名乗ることができるようになります。でも「神宮」を名乗るって相当畏れ多いことなのでなかなかねぇ……。

余談ですが、徳川家康を祀る東照宮もはじめは「東照社」でした。後に天皇から宮号宣下を賜り、社格を上げ「東照宮」になるのですが、さすがに東照神宮にはなりませんでした（たぶん畏れ多くて……）。

現在、神社本庁に承認された神宮は全国24か所で、神話の国である九州や、歴代の天皇が暮らした近畿地方に集中しています。

東京では明治神宮のみです。間違われやすいのですが東京大神宮（東京・飯田橋）は「神宮」とついておりますが、ここは伊勢神宮の遥拝殿《ようはい》なので神宮には数えません。

48ページイラストの神様系図を見るとわかるのですが、**「○○神宮」はアマテラスの直系だけです。**

アマテラスのお父さんイザナギが祀られているのは、伊弉諾神宮（兵庫・淡路

島）、

息子のアメノオシホミミは英彦山神宮（福岡）、

孫のニニギは霧島神宮（鹿児島）、

神武天皇は故郷の宮崎神宮（宮崎）と天皇に即位した橿原神宮（奈良）です。

その他の神宮にも、歴代の天皇や皇室ゆかりの神宝などが納められています。

アマテラスの直系以外の神様は、「神宮」ではなく「神社」または「大社」といいます。アマテラスの弟のスサノオでさえも、八坂神社（京都）や氷川神社（埼玉）となっています。明確に分かれていますね。面白い！

全国に8万社以上あるうちのたった24か所が「神宮」ですので、**会社でいったら上場企業のさらに氷山の一角です。**

それだけ日本にとって大切な神社なんです。ぜひね、人生のうちで24か所参拝に行って「神宮制覇」を目指したいものですね。

神宮24か所をご紹介しましょう。

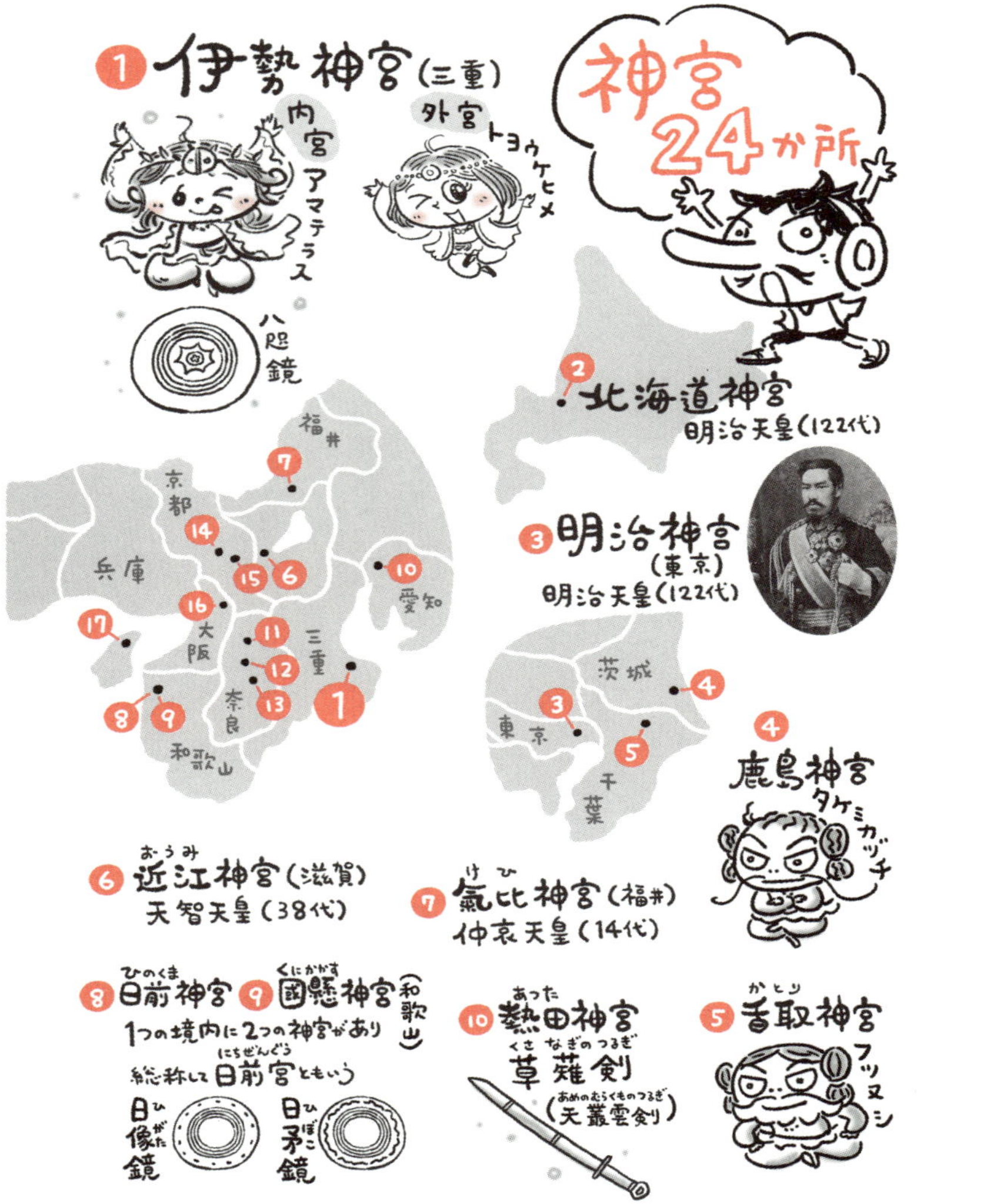

1 伊勢神宮（三重）
内宮
アマテラス
外宮
トヨウケヒメ
八咫鏡
神宮24か所
2 北海道神宮
明治天皇（122代）
3 明治神宮
（東京）
明治天皇（122代）
福井
京都
兵庫
大阪
三重
奈良
和歌山
愛知
茨城
東京
千葉
4 鹿島神宮
タケミカヅチ
6 近江《おうみ》神宮（滋賀）
天智天皇（38代）
7 氣比《けひ》神宮（福井）
仲哀天皇（14代）
8 日前《ひのくま》神宮 9 國懸《くにかかす》神宮（和歌山）
1つの境内に2つの神宮があり
総称して日前宮《にちぜんぐう》ともいう
日像《ひがた》鏡
日矛《ひぼこ》鏡
10 熱田《あつた》神宮
草薙剣《くさなぎのつるぎ》
（天叢雲剣《あめのむらくものつるぎ》）
5 香取《かとり》神宮
フツヌシ

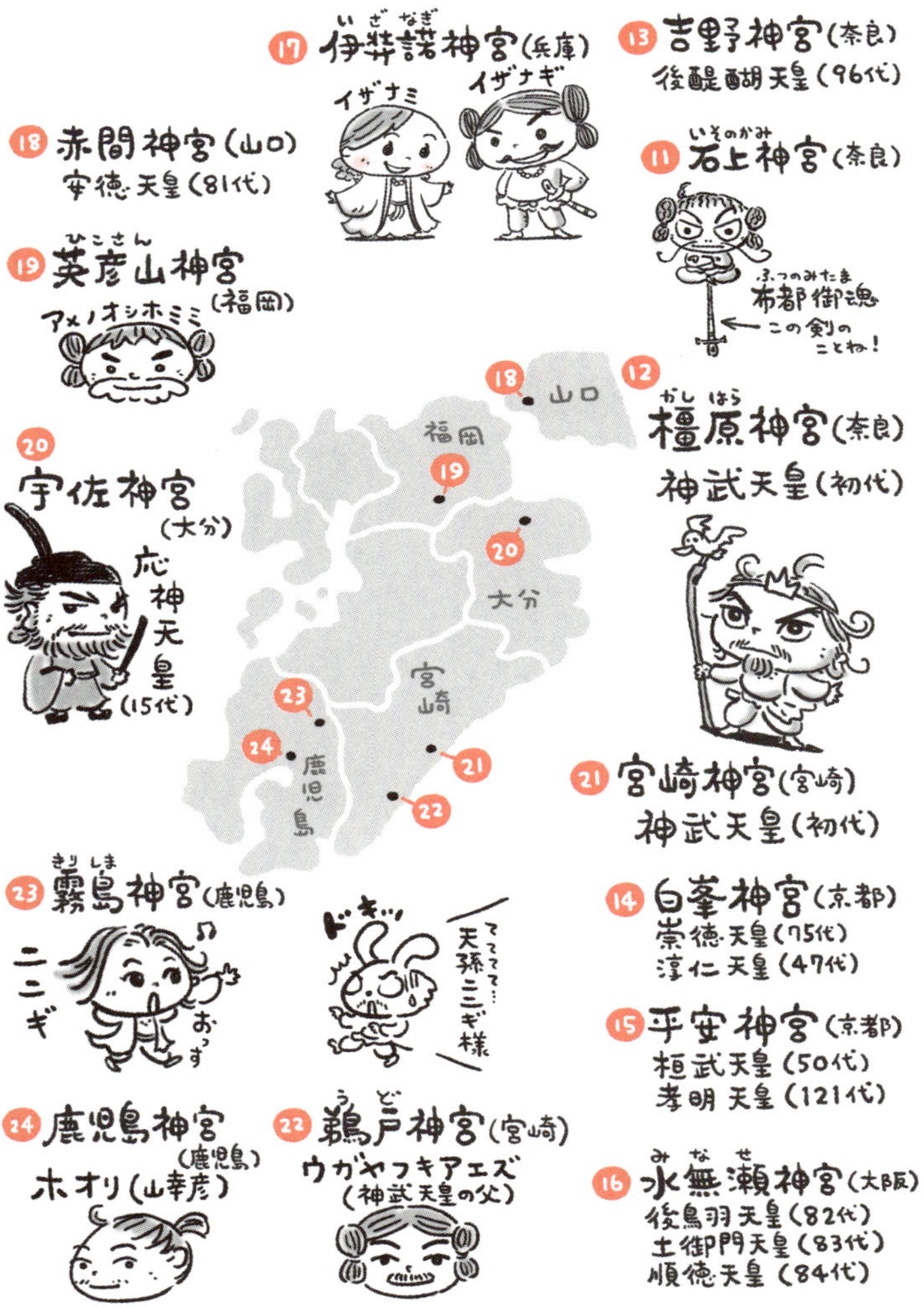
17 伊弉諾《いざなぎ》神宮（兵庫）
イザナミ
イザナギ
13 吉野神宮（奈良）
後醍醐天皇（96代）
18 赤間神宮（山口）
安徳天皇（81代）
11 石上《いそのかみ》神宮（奈良）
布都御魂《ふつのみたま》
この剣のことね！
19 英彦山《ひこさん》神宮（福岡）
アメノオシホミミ
18 山口
12 橿原《かしはら》神宮（奈良）
神武天皇（初代）
福岡
19
20 宇佐神宮（大分）
応神天皇（15代）
20
大分
宮崎
23
24
鹿児島
21
22
21 宮崎神宮（宮崎）
神武天皇（初代）
23 霧島《きりしま》神宮（鹿児島）
ニニギ
おっす
ドキッ
てててて…天孫ニニギ様
14 白峯神宮（京都）
崇徳天皇（75代）
淳仁天皇（47代）
15 平安神宮（京都）
桓武天皇（50代）
孝明天皇（121代）
24 鹿児島神宮（鹿児島）
ホオリ（山幸彦）
22 鵜戸《うど》神宮（宮崎）
ウガヤフキアエズ（神武天皇の父）
16 水無瀬《みなせ》神宮（大阪）
後鳥羽天皇（82代）
土御門天皇（83代）
順徳天皇（84代）

ちなみにアマテラスとアメノオシホミミにはお墓がありません。

しかしニニギの代に「寿命」が与えられたことで、ニニギ以降にはお墓があります。

ニニギは可愛山陵（鹿児島）、ホオリは高屋山上陵（鹿児島）、ウガヤフキアエズは吾平山上陵（鹿児島）、神武天皇は神武天皇陵（奈良・橿原神宮の隣）です。

天皇・皇后などのお墓を御陵（ごりょう／みささぎ）といいます。

なにがいいたいかというと、神であるアマテラスには寿命がありません。ということは……いまなおご存命なんです！

伊勢神宮へ行ったらどこからか見られているような気がして、ついついキョロキョロしちゃいそうですね（笑）。

そして高天原もきっとどこかにあるはず〜！

なんでニニギの代から寿命が与えられたのかは古事記を読んでちょ！

神話と現代をつなげる日本の最重要アイテム「三種の神器」

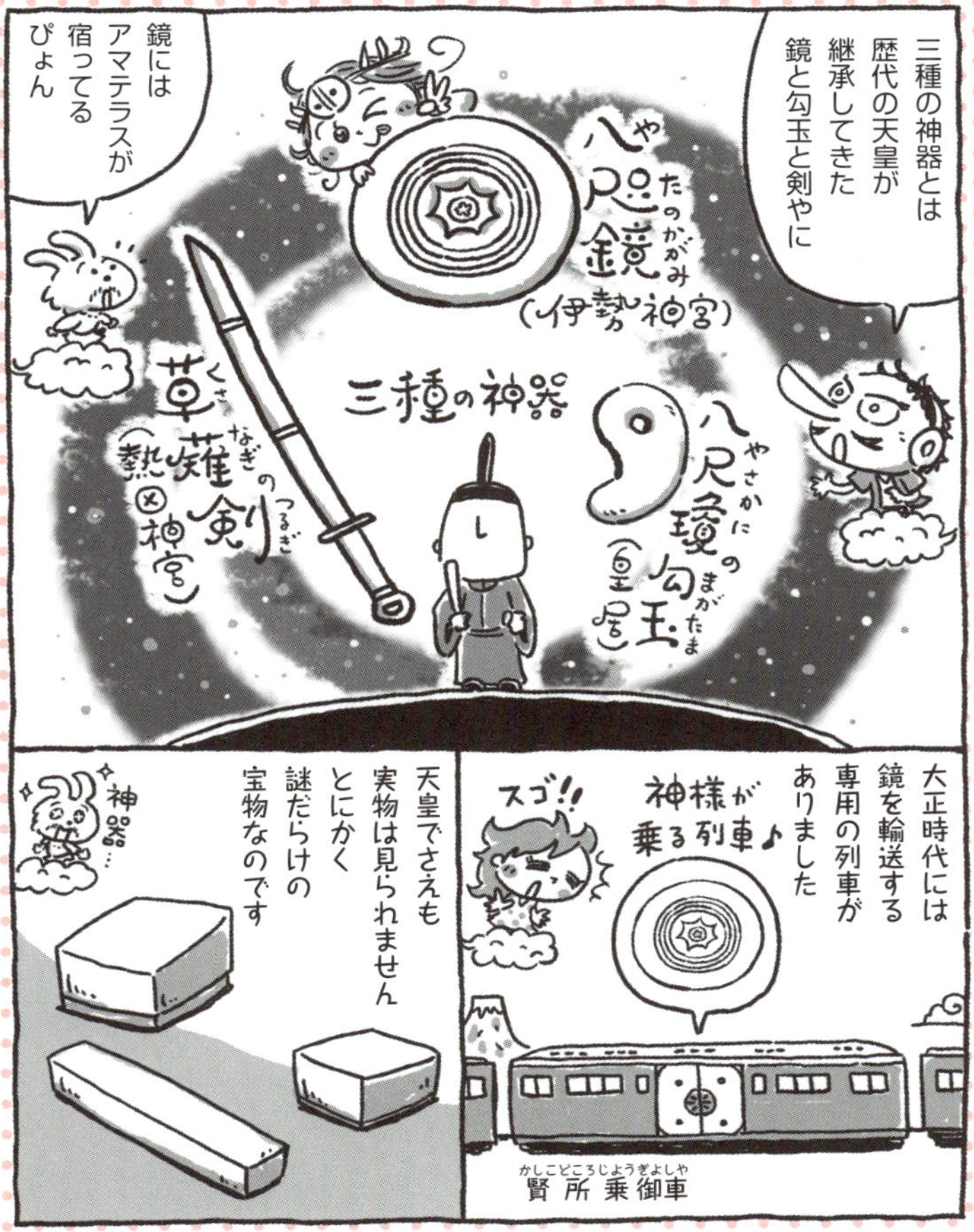

三種の神器って聞いたことありますよね？

「じんぎ」と言っちゃうけど正しくは「しんき」ね。

昭和の高度成長期に「家電の三種の神器」といわれた、冷蔵庫とか洗濯機のことじゃないからね（笑）。

「八咫鏡」「八尺瓊勾玉」「草薙剣（天叢雲剣）」です。

歴代の天皇が継承してきた三種の神器は、簡単にいうと天皇が天皇である証《あかし》です。もしひとつでも失えば天皇の正統性はなくなるともいわれています。それくらい大切なもの。

そして、三種の神器こそが、神話の時代と現代をつなげる日本の最重要アイテムです。

その成り立ちは古事記までさかのぼります。

三種の神器の八咫鏡と八尺瓊勾玉は、天岩戸神話のときに作られました。最後の草薙剣は、ヤマタノオロチの体内から出てきました。

それが後に、天孫降臨のニニギによって地上へ移されます。

はじめは三種揃《そろ》って宮中にあったのですが、いろいろと訳あって現在はバラバラになっています！　その経緯を簡単に紹介します。

【八咫鏡】

八咫鏡は神器の中でもっとも重要なものとされています。天岩戸神話の際に作られます。なんてったってアマテラスの化身です！　倭姫《やまとひめ》によって宮中から運び出され現在の伊勢神宮（内宮）に祀られました。

【八尺瓊勾玉】

八咫鏡と同じ、天岩戸神話のときに作られます。それが現在皇居（天皇の寝室の隣）にあります。

【草薙剣】

ヤマタノオロチの体内から出てきた剣で、ヤマトタケルが東征で使い尾張・熱田の地に残されました。そこが熱田神宮（愛知）です。

勾玉だけは常に本物が天皇の元にありますが、鏡と剣の本物は伊勢と熱田にあります。

天皇のおそば（宮中）にも鏡と剣があるのですが、それは本物とまったく同じに作られ、御魂移しをされた「形代（レプリカ）」なんです。

ちなみに三種の神器とは物質的な価値ではなく、**神霊が宿っていることに価値があるそうです。**

ただ形代といっても本物と同じ扱いがなされます。

大正・昭和天皇の即位式って、東京ではなく京都御所で行われたんです。

東京から京都に鏡（形代）が運ばれるとき、なんと専用の列車が作られました。

つまり神様（鏡）が乗る列車です！「賢所乗御車」といいます。

神様専用の列車を作ったのは、人類史上後にも先にも日本だけです。

しかも、総檜《そうひのき》白木寝殿造りで鏡に仕える巫女《みこ》や神職が乗車していました。

これはまさに動く神社というか、走る神社です！ いろんな意味で絶句ですよ。

見てみたいな〜。

戦前までは、天皇の行くところ常に剣と勾玉（璽）が一緒に行動していました。「剣璽御動座《けんじごどうざ》」といいます。戦後、警備上の問題などの都合でほとんどなくなってしまいましたが、平成では4回のみ行われました。すべて伊勢神宮をご親拝（参拝）されたときです。

天皇陛下の即位式の後（平成2年）伊勢神宮にご親拝されたとき、式年遷宮（平成6年、26年）のとき、退位（譲位）の前（平成31年）です。

神話から継承された三種の神器はとにかく謎めいていて、天皇でさえ見ることができません（何重にもなった箱におさまっているそう）。

お話ししたように、はじめは1か所（宮中）に集まっていましたが、現在は伊勢と熱田と皇居の3か所バラバラに存在します。その期間、神話によると2000年です！

今後二度と本物の三種が揃うことはないと思いますが、**もし揃うときがあると**

したら、それは日本国の存続に影響する一大事のときに違いありません。そんなことが起きないよう、日本人として引き締めて生きていかねばと思います。

そうそう。よく三種の神器は壇ノ浦の戦い（元暦2年／1185年）のときに水没したといわれています。たしかに水没しましたが、まだ幼い安徳天皇の元にあったものは、本物は勾玉だけです。鏡と剣は形代で、このときはすでに本物は伊勢と熱田にありました。

その勾玉ですが、全国から海女さんを集めて必死で探しましたが見つからなかったのです。

でも衝撃的な結末が待っていました。

勾玉は箱に入っていたため浮き上がって浜に打ち上げられたんです！　で、無事源氏に回収され現在に至ります。

つまり神話から受け継がれている本物の三種の神器は、実在しているということですね。

イマイチわかりづらい 男系天皇・女系天皇がこれでわかる！

男系天皇、女系天皇。

テレビや新聞のニュースでも聞きますね。

イマイチわかりづらい～……。というかピンときませんよね。

でもこの話って、本当は超シンプルな話なんだよね。じゃあ説明しますね。

まずね、「系」ではなく「性」の話をしなくちゃ。
「男性天皇」「女性天皇」はわかりますよね。そのままだね。男性の天皇、女性の天皇ってことです。

歴代の天皇はほとんどが男性天皇なんですが、過去に女性天皇もいたんです。

現在の天皇陛下は126代目です。人数でいうと124人です。**2回天皇についた女性が2人います。女性天皇は8人（10代）いました。**

女性の天皇は、天皇のお后《きさき》であったり娘だったりします。

天皇が若くして崩御したときに、つぎの天皇がまだ子供だったりすることがあります。そんなときにピンチヒッターのように就く場合が多いです。ここまでは基礎情報ね～。

で、本題！「男系天皇」ってなんだ？？

簡単にいうと、１２４人いたすべての天皇が初代神武天皇まで「お父さんつながり」なんです。

要は、お父さんの、お父さんの、お父さんの、お父さんの、お父さんの、お父さんの、お父さんの、お父さんの、お父さんの、お父さんの、お父さん……が、神武天皇です！　ってことです。

わかるかな？　**お父さんだけをずーーっと辿ると必ず初代神武天皇にたどり着く。すべての天皇がね。**

つまり一回も「お母さん」が入っていないんです。これを「男系天皇」といっているんです。

でも、もし仮に天皇陛下の長女・愛子様が成人し、民間人の山田さん（仮）と結婚し男の子が生まれたとします。

この男の子、男性ですが「男系」ではありませんよね。

だってお父さんは山田さんなので、お父さんの、お父さんの、お父さんの……って、**どれだけさかのぼっても初代神武天皇にはたどり着きません。**これが昨今の問題になっている肝です！

「愛子様が天皇になれないのはかわいそう！」って言いますが、愛子様ご自身は「男系」なので天皇になれる可能性はあります。ですが、その子供は歴史的に天皇にはなれませんよ。だって山田君だもん。

「女性差別だ！」って言う人もいますけど、むしろ逆で、皇族は民間の男性を排除してきました。

だってね、民間の女性は天皇の后として皇族になれて、産んだ子供が天皇になる可能性があります（美智子様、雅子様、紀子様も民間人です）。

あの絶大な権力をもっていた藤原道長や平清盛でさえ、娘を天皇へ嫁がせることまでしかできなくて、子供を産ませ、その子が天皇になって「天皇のおじいちゃん」って立場でしかいられなかったんです。

男性は皇族に入れないんです。民間の男性が皇族に入った例は過去に一度もあ

りません。むしろ男性差別って言った方が……ね。

初代神武天皇以来2000年以上「男系天皇」でやってきたのが日本です。天皇になれる基準って、ただただ「血」です。「血統」なんです。しかも「男系」のね。これが日本の伝統で2000年以上やってきているんです。

近年では、「女性差別だ！」「男尊女卑だ！」みたいな話にすり替えちゃう人がいるからびっくりですよ（じゃあローマ法王がずっと男性なのはどうなの?）。

「女系天皇」「女系宮家」を作ろうって話の先にあるのは、「2000年以上続いてきた男系、はい！　しゅーーーーーりょーーーーー（終了）」って話と、ほぼ等しい……えっ！　2000年以上の伝統をここで終わらすの？　ってことですよね。

日本の天皇ってね、「血」だけで辿っていける世界最古の血統なんです。こんなに続いている血統は、世界で他にありませんよ。本当に。

これが、ずーーーーっと「男系」でつながっているって、必ずなにか意味があるはずなんです。もうね、そう考えていくとスピリチュアルの世界ですよ（あまりスピリチュアルって言いたくないけど）。

「女系」という言葉は耳あたりのよい、まやかしみたいなもので、要は男系を「続ける」か「続けない（やめる）」かって話です。

まあね、「男系」で２０００年以上やってきたのだから、これからも続けた方がいいんじゃないかな〜って、ぼくは思います。

みなさんはどう思います？

2 ぼくらの日常に隠されていた すごい日本

「祝日」と「祭日」の違いと本当の意味

みなさん、「祝祭日」の意味を考えることってありますか？

国民の休日ともいわれて、カレンダーを見ると日曜日と同じように日付が赤文字ですよね。

日本にとって大切な日だから、国民は学校や仕事を休みにしてお祝いしよう～～！　というのが祝祭日です。

祝祭日って面白いんですよ。

なにが面白いかっていうと、世界中どこの国も祝日ってあるんです。

その国にとって大切な日が祝日になるんですけど、よ～～く見るとある法則が見えてきます。

たとえばアメリカにはこんな祝日があります。

「大統領の日」「独立記念日」「コロンブスデー」「クリスマス」など。

これを見るとね、大統領がいる国なんだな～とか、どっかの国から独立（イギリスからの独立戦争）して建国された国なのかな～とか、コロンブス（アメリカ大陸発見）って人が偉人なのかな～とか、クリスマスが祝日だからキリスト教の国なんだろうな～ってことがわかります。

つまりね、祝日を見るとその国の政治、歴史、宗教などがなんとなくわかるんです。

わかりやすいところでいうと、フランスの「革命記念日」。

フランス革命のことだけどね。なにか革命が起きていまの国ができたのかなというのがわかります。

中国には「労働節」という祝日があるから、労働者の日＝共産主義なのかな、とかね。

さて、日本の祝祭日です。どんな法則があるのでしょう。

現在、日本の祝祭日は全部で16あります。

じつはこのほとんどが、天皇や皇室に関係する日なんです！

関係する日をピックアップしてみました（68ページ参照）。

どうですか？　天皇の誕生日や宮中祭祀《きゅうちゅうさいし》に関わる日だらけですよね。

これを見るだけで、日本は天皇・皇室を中心とした国なんだなってことがわかります。

戦前までは、「四大節」といって、四方節《しほうせつ》（1月1日）、紀元節《きげんせつ》（2月11日）、天長節《てんちょうせつ》（天皇の誕生日）、明治節（11月3日）は特に大切にされていました。

戦後の昭和23年にGHQによって名称を変えさせられ、日本人は祝祭日の意味を忘れてしまいました。

さらに近年では、ハッピーマンデーとかいうへんてこなシステムで日付まで変わってしまう始末（涙）。1章でも触れましたが、せめて2月11日の建国記念の日くらいは国を挙げて盛大にお祝いしたいものです。ハロウィンであれだけ盛り上がれるのなら……（笑）。

ちなみに「祝日」と「祭日」の違いってわかりますか？　普段ごちゃ混ぜに使っていますがちゃんと分けられます。

天皇誕生日や建国記念の日など、なにかをお祝いする日を「祝日」といいます。

春季皇霊祭や新嘗祭《にいなめさい》などの**宮中祭祀を行う日を「祭日」といいます。**

世界の国は基本的に「祝日」ばかりなんです。

もちろん、宗教的な意味合いが強い国（バチカン市国など）もありますが、**日本ほど「祭日」が多い国もめずらしいです。**

現在ではほとんど意味を忘れられてしまった祝祭日。

せっかく国民の休日にされているんですから、今日は何の日かな？　祝日かな？　祭日かな？　と思って近くの神社に参拝するのもいいんじゃないでしょうか。

建国記念の日に橿原神宮《かしはらじんぐう》（奈良）へ行ったり、文化の日に明治神宮（東京）や北海道神宮へ行ったりするのもいいですよね。

世界一短い歌詞の「君が代」

世界のどこの国でも、その国を象徴する国歌があります。国の式典や行事などで演奏されますよね。選手がオリンピックで金メダルを取り、国旗が揚がり国歌が流れると、どこの国の人だってジーンときちゃいます。あまり考えたことがないかもしれませんが、世界の国歌の歌詞を見ていきたいと思います。

じつは世界の国歌ってどこも歌詞がかなり長いんです。普通に3番、4番まであったり、なかには8番まであったりするので一部抜粋ね（笑）。

【アメリカ／星条旗】

「戦争の荒廃と戦闘の混乱が　故郷も国も私たちにもはや残さないだろうと！彼らの血は彼らの不潔な足跡の汚れを洗い流した。避難所は彼らの雇われ人と奴隷を助けられなかった　敗走の恐怖と墓の暗闇から：そして星条旗が勝利の中で翻る　自由の土地と勇者の故郷の上に」

【イギリス／神よ女王を守りたまえ】

「すべての潜在する敵から、暗殺者たちの急襲から、神が女王を守らんことを！　彼女の上に汝《なんじ》の腕が広がらんことを、ブリテンのために防御せよ、私たちの母、王子、そして友を、神が女王を守らんことを！」

【フランス／ラ・マルセイエーズ】

「立ち上がれ、祖国の子供よ、栄光の日が来た。私たちに対して、専制政治の血染めの旗が掲げられる、血染めの旗が掲げられる。聴け、野原で、これらの獰《どう》猛《もう》な兵士たちが叫ぶのを。彼らが私たちの腕の中にまでやって来る　あなたたちの息子たちと配偶者たちの　喉を切るために」

【中国／義勇軍行進曲】

「起《た》ち上がれ！　奴隷となりたくない人々よ！　われらの血と肉をもって築こう、われらの新しい長城を！　中華民族は、最大の危機に直面し、一人ひとりが最後の雄たけびをあげるときだ。起て！　起て！　起て！　われら万人心を一つにし、敵の砲火をついて前進しよう！　敵の砲火をついて前進しよう！　前へ！

前へ！　前へ！」


世界の国歌いかがですか？

どこの国も「戦争の歌詞」が多いんです。戦争を経てできた国だからこうなっちゃうのもわかります。結構血なまぐさいですよね。興味のある方は上記以外の国も調べてみてください。だいたいこんな感じだけど。

さて日本の「君が代」を見てみましょう。


【日本／君が代】

「君が代は　千代に八千代に　さざれ石の　巌《いわお》となりて　苔《こけ》のむすまで」


まずね、第一印象「短っ！」。たった32音です。

これね、世界一短い歌詞ですよ！　元を辿《たど》ると905年にできた『古今和歌集』に出てくる和歌の一節なんです。いまから1100年以上昔です。

しかも、当時すでに誰が読んだのかわからないくらい古くて「詠み人知らず」

となっています。一体どんだけ古いんだ〜！

お話しした通り、日本は現存する世界最古の国です。その国歌が世界一短い歌詞だなんて感動的じゃありませんか？

内容は簡単にいうと「あなたの世がずーっと続きますように」って意味です。「君」を天皇と置き換えて「戦前の軍国主義だ〜！」と言う方がいますが、へんてこな話です。他の国はモロ戦争の歌なのに。

たとえ「君」が天皇であろうと一般人であろうと、**相手を想《おも》うラブレターのような歌詞じゃないですか？**　どこの国の歌詞よりも読んでホッとします。

「さざれ石（小さな石）が大きな岩となって、それにさらに苔のむすまで（の長い時間）」という、日本独特の和歌の言いまわしが美しいですよね。

「メロディー」についてですが、ぼくも音楽に関してはド素人なのでうまく解説できません。

作曲家のすぎやまこういち先生（『ドラゴンクエスト』の楽曲などを担当）の

解説では、なんでも世界の国歌は音階の「ソ」か「ド」から始まるのが普通なんですって。

でも「君が代」は、**世界で唯一「レ」から始まる日本古来の雅楽発祥の今様《いまよう》音階だそうです。**全体を通してこんな感動的な曲は他にはなく、すぎやま先生は「世界一の名曲」と称えています。

動画サイトでも、すぎやまこういち先生の解説が視聴できますので、気になる方は検索してみてください。

明治36年、ドイツで「世界国歌コンクール」が行われました。

世界的な音楽家や音楽評論家が集まって、世界中の国歌を演奏したそうです。

その結果**「君が代」が荘重で優美、世界最高の国歌だと1等に選ばれました。**

ちなみに、「君が代」が初めて公に演奏されたのは、明治13年11月3日明治天皇の誕生日でした。

世界トップクラスのシンプルさ
「日の丸」の歴史

日本の国旗といえば、ご存じ「日の丸」です。

日の丸とは愛称で、**正式名称は「日章旗」です。**

白地に赤い丸というシンプルなデザインですよね。この日の丸の歴史を追ってみたいと思います。

日本の最高神といえばアマテラスです。
アマテラスは太陽の神様で、神道における自然崇拝の中でもっとも尊い存在とされています。
太陽をかたどったのが、三種の神器の「八咫鏡《やたのかがみ》」ともいわれています。
あらゆるものは太陽の恵みによって生かされており、人間も動物も植物も太陽なしには生きていけません。

歴史の授業で習ったかもしれませんが、遣隋使に持たせた書簡に「日出《い》ずる処《ところ》の天子」と記したほど日本は太陽を意識してきました。

そもそも日本って国名自体が、「日ノ本」つまり太陽を表しています。

その太陽をモチーフにした日の丸は、日本らしい国旗だと思います。

古くは、大化の改新（６４５年）ごろから太陽をかたどった旗を用いていたそうで、それが原型ともいわれています。

高松塚古墳やキトラ古墳に描かれている太陽は、金色の丸でしたのでまだ赤丸ではありません。ちなみに月は銀色の丸です。

いつから「白地に赤丸」が使われているのかには諸説ありますが、源平合戦のときという話もあります。

このとき、源氏は「白地に赤丸」を、平氏は「赤地に金丸」を使用しました。源氏が勝ち、勝者の象徴として受け継がれたともいいます。

赤と白の配色は「紅白」と呼ばれ、縁起がいい色として現在でもお祭りなどでよく見ますよね。

幕末になると外国との交流が増えてきました。

当時は船が主流なので、船に掲げる旗が必要になります。一目でどこの国の船なのかがわかるようにね。

そこで薩摩藩《さつまはん》の島津斉彬の提案で、日の丸が日本の船印に決まりました。

明治3年には、国の印として国際法に基づき日の丸が日本の国旗になりました。

ちなみに、この年フランスからびっくりする話がありました。日の丸が美しいので「そのデザインを買いたい！」という話があったのです。当時の500万円（現在の数兆円）という大金でしたが、「国の象徴を売ることはできない」と断ったんです。もしそのときに売っていたら現在のフランスには日の丸がはためいていたかもしれませんね。

世界の国旗を見ると結構複雑ですよね。

アメリカは星を50個描いて横線を引きます。

イギリスは見ればわかりますが、記憶を辿って正確に描くのはちょっと難しいかな。色数も3色（白・赤・紺）だしね。

その点、日の丸のシンプルさは世界トップクラス（笑）です。

1秒で描けます（笑）。

もちろん横に一本直線を引いただけの国旗も数か国ありますが、丸の方が美しいように思えません？　その辺の感覚は人それぞれなのでこれくらいにします。

現在、日本一大きい日の丸を掲揚しているのは出雲大社です。

9メートル×13・6メートルもあり畳75枚分のデカさ！　ポールの長さは47メートルあります。神話の伝承によると古代出雲大社は高さが48メートルだったそうです。

それとほぼ同じ高さなので、あの高さまで古代出雲大社はそびえ立っていたのか～と思うとびっくりします。

出雲へ行かれた方は、豪快にはためく日の丸をぜひご覧ください。

一方、伊勢神宮の宇治橋から見える日の丸も素敵ですよね！

下には清流の五十鈴川が流れ、伊勢の緑豊かな山と青空には日の丸がよく映えます。

昔は祝祭日になると「旗日」といって、どこの家も日の丸を掲揚していましたが、最近はずいぶん減りましたね。

オリンピックやワールドカップなどのときにはよく見るのにね。

大きい神社へ行くと販売もしています。

最近ニュースで見たのですが、**大阪のある商店街が祝日に、日の丸を一斉に掲げたそうです。**ズラッと並ぶ日の丸はとても壮観で、こういった取り組みが増えるといいなと思いました。

また、**カンボジアの500リエル札には、日の丸が描かれているのをご存じですか？**

カンボジアのメコン河のネアッククルン橋（通称・ツバサ橋）とキズナ橋は日本の援助で作られました。

キズナ橋には日本とカンボジアの友好の証《あかし》として日の丸が描かれています。

それがお札になっているんです。なんともうれしい話ですね。

日本の歴史がよくわかるようになる昔の教科書

目録

尋常小學日本歴史 巻一 兒童用

第一 天照大神

天照大神は天皇陛下の遠き御先祖なり。其の御威徳の極めて高くあまねきこと、あたかも天日のかがやけるが如し。伊勢の皇大神宮は此の大神をまつり奉れる宮なり。

大日本帝國は初め大神が御孫瓊瓊杵尊をして治めしめ給ひし國なり。大神尊を此の國に降し給ふにあたり、此の國は我が子孫の君たるべき地なり。

汝皇孫ゆいて治めよ。寶祚のさかえまさんこと天壤とともにきはまりなかるべし」と仰せ給へり。萬世までも動きなき我が建國のもとゐは實に此の時に定まれり。大神はまた鏡と劍と玉とを尊に授け給ひき。これを三種の神器といふ。此の時大神は此の鏡を見ること我を見るが如くせよと仰せ給ひき。これより神器は御代代の天皇相つたへて皇位の御しるしとし給へり。

瓊瓊杵尊は三種の神器を奉じて日向に降り給へり。此の後御二代を經て神武天皇の御時に至るまでは、御代代日向にましましき。神武天皇以前を神代といふ。

第二 神武天皇

神武天皇は我が大日本帝國人皇第一代の君なり。天皇のなほ日向にましませし頃は、東の方の國國未だ開けずして甚だされがしかりき。されば天皇は之を平げて人民を安んぜんと思召し、御兄たち御子たちと共に、兵をひきゐて日向を出で給ふ。これより後數年の間、天皇は或は強き敵と戰ひて御兄を失ひ給ひ、或はけはしき山に分入り、やうやく道をひらきて進み給ふなど、一方ならぬ御困難を忍び給ひて、大和地方を平定し給へり。

やがて天皇は宮を大和の橿原に定め、はじめて即位の禮を行ひ給へり。これ大正二年より二千五百

神武天皇けはしき山道を進み給ふ

尋常小學日本歴史 巻一 兒童用 文部省

資料写真：広島大学図書館

ぼくら日本人の根底を育む、教育について考えてみましょう。

そこでぜひ、『尋常小学日本歴史 児童用 巻二』についてお伝えしたいと思います。

尋常とは、いまでいう「普通科」みたいな意味かな。児童用巻一とあるので6歳以上の子供が使っていた一般的な教科書ですね。

表紙を開いて目録があります。目次のラインナップがヤバイ！

アマテラスから始まって神武天皇、仁徳天皇もありますね。

現代では、ほとんど忘れられた日本史の英雄・和気清麻呂についても書かれています。で、一行目ですよ！　一行目！　いきなり「天照大神は——」から始まっています！　神社ファン、歴史ファンにはたまりません。

読んでいくと「天照大神は天皇陛下の遠き御先祖なり」と書かれています。

でもじつは、**ここから教えないと日本って国はわからんのだよね。**

つぎに、伊勢神宮の話がきて、神武天皇の話へと進んでいきます。「三種の神器」や「天孫の降臨」の文字も見えますね。

現代の歴史教科書では「天照大神」も「神武天皇」も「伊勢神宮」の話も出てきません。ほんとおかしいよね？

憲法というのはその国にとって一番大切なことが第1条に書かれています。
日本国憲法を見ると「天皇は、日本国の象徴であり……」と書かれています。
一番頭に「天皇」という言葉が出てきます。
ド頭にですよ！　これって日本人にとって重要だと思いません？

「天皇とはなにか」を知っておかなければ、日本という国がよくわかりません。

ぼや～～っとするんです（笑）。

残念ながら、現代の教育ではそういった神話・天皇を教えません。
その結果日本人は「天皇ってなに？？」ってわからなくなっちゃったんです。
もちろん、縄文時代や弥生時代の考古学に沿った科学的事実も大切です。
石器や土器が出てきた～とか、○○県の○○遺跡とかね。
それはそれで日本人として知っておいた方がよいに決まっているんです。でもね……そんなことは別の時間に教えればいいだけなんです！
神話は神話としてちゃんと教えないといけません。しかも日本の神話は現代とつながっているわけなので尚更です。

現代の教科書を読むと、いきなり大和朝廷が出てきたり推古天皇が出てきたりで、頭の中が「？？？」ってなりますよね。推古天皇って33代天皇ですからね。「その前の32人は誰なんだよ!?」と。

江戸時代を説明するのに、「徳川家康」を教えないのと同じですよ。トヨタ自動車の歴史を教えるのに、「豊田佐吉」を教えないのと同じですよ。

さっぱりピーマンだわ！　……ちょっとアツくなりましたね（笑）。

2ページ目で、伊勢神宮をイラスト入りで説明しているのにも感動します。**ここにアマテラスが祀《まつ》られているということを子供のうちから知っていれば、神社の意味もなんとなくわかってきます。**現在の教科書に「神社」が出てこないのも残念ですね。

そしてつぎに三種の神器について書かれていて、神武天皇の話へ続きます。ぼくが子供のころに聞いたことのないフレーズばかりです。この最初の数ページを知っているだけで、日本人の日本に対する歴史観はかなり変わりますし、なにより読んでいてわくわくしませんか？「もっと知りたい！」って思っちゃいます。

あ〜あ、ぼくもこんな教科書で歴史を習いたかったわ。**こういうことをちゃんと教えれば、現在の歴史オンチや歴史嫌いはかなり解消されると思います。**

なぜ学校で古事記を教えなくなったのかは4章でくわしく書きますが、イギリスの歴史学者トインビー博士がこう言っていました。

「12〜13歳までに民族の神話を学ばなかった民族は例外なく滅んでいる」と。

日本もそろそろ神話の教育を始めないと……ね。

天皇とはどういう存在なのか？①

ぼくらの幸せを2600年以上祈りつづける存在

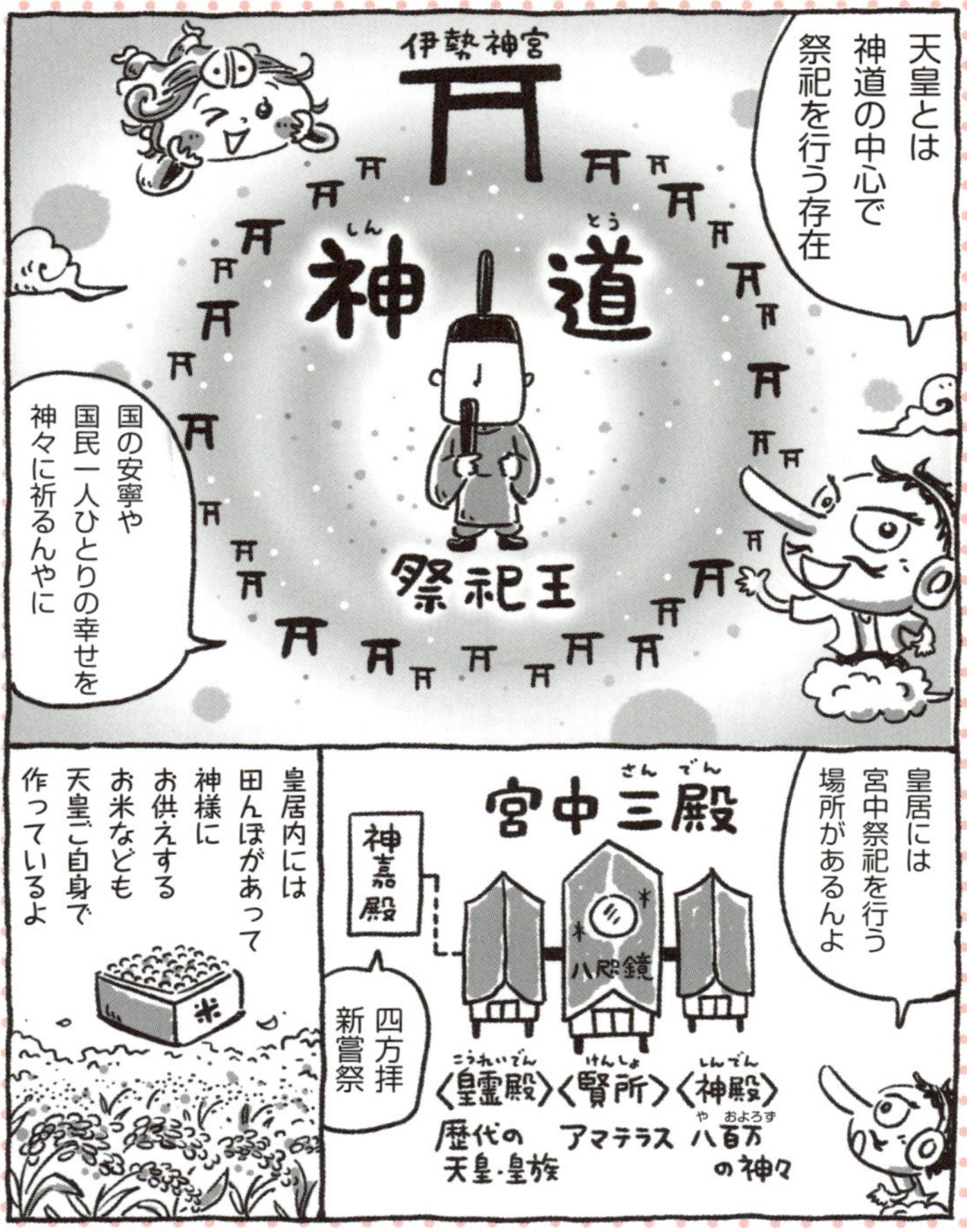

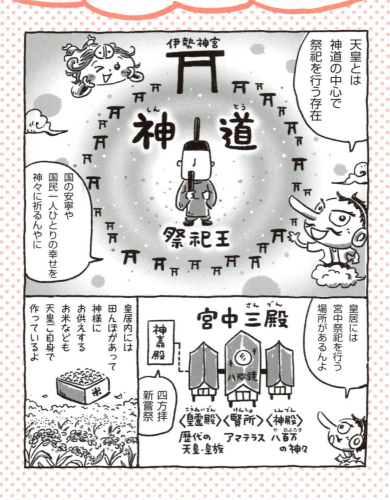

初代神武天皇から数えて、現在の今上天皇は126代目です。時間にすると2679年間というとんでもなく長い時間、この日本に存在しつづけています。

この長い歴史の中で、天皇という存在も時代によって大きく変わってきました。はじめは「権力」と「権威」を備え、国を治めていましたが、約800年前には権力をもたなくなりました。

権力（政治）は、武家である源氏や足利氏、織田氏、豊臣氏、徳川氏などがもちます。

たとえば「関白秀吉」とか「徳川将軍」は聞いたことがあるでしょう。すごく偉そうに聞こえますが、関白も将軍も、天皇が許可を出さないとなることはできません。

これは現在も同じで、天皇が「あなた内閣総理大臣になってもいいですよ」と許可をして内閣総理大臣は誕生します。

政治には関与しないけど、最後に許可を出すのが天皇の「権威」なんです。

いわゆる「君臨すれども統治せず」です。

天皇のもっとも重要なお務めは「祭り（祈り）」です。

祭りとは天皇が行う神道の祭祀のことです。

丹生川上神社《にうかわかみ》（奈良）では、神武天皇が祭祀を行ったという伝承が残っているので、**はじめから天皇は祭祀を行う存在だったといえます。**

現在の皇居にも宮中三殿といって、神様をお祀りし祭祀を行う場所があります。簡単にいうと皇室専用の神社だね。

真ん中は賢所といって「八咫鏡（形代）」がありアマテラスをお祀りしています。左側の皇霊殿は歴代の天皇や皇族が祀られ、右側の神殿は八百万の神々が祀られています。

天皇が行う宮中祭祀は年間約20件におよびます。

この他に、「毎朝《まいちょう》御代拝《ごだいはい》」という毎日行われる祈りもあります。

神道の中心で祭祀を行う天皇を「祭祀王」ともいいます。

宮中祭祀とは、天皇が五穀豊穣《ごこくほうじょう》や国家の安寧、国民一人ひとりの幸せを祈るお祭りです。

ぼくたちが普段行く神社も神道の施設です。

その神社でもっとも尊い神社が伊勢神宮で、皇室の氏神様とされています。

皇室のご先祖様はアマテラスだからね。

しかし創建以来天皇が直接参拝することはなく、天皇に成り代わって勅使（天皇の使い）が参拝してきました。

明治になり明治天皇が初めて、天皇としてご親拝（参拝）されたそうです。

皇居の中には田んぼがあります。

毎年天皇陛下自らお田植して、稲刈りまでします。

自ら作った新米を神に捧《ささ》げるのが11月23日の新嘗祭です。世界の元首の中で農業やっている元首って他にいるんだろうか？

また祭祀を行うには長時間の正座を伴います。**重い平安装束をまとい、暖房も**

ない中、計4時間も正座することがあります。そのため、普段から正座の練習をされているそうです。ただただ頭が下がります。

ちょっと怖い話ですが、もし天皇がいなくなれば神道は崩壊し、伊勢神宮をはじめ全国の神社は衰退し、最終的には絶えてしまうでしょう。

それくらい天皇とは日本の中心的な存在です。

そもそも日本を建国したのが天皇ですし、神道や神社にも同じことがいえます。

「天皇ってなんだろ？」って突き詰めていくと、神武天皇の「建国の精神」にたど

り着きます。

一言でいうと、「国民のために天皇がいる」。この言葉につきます。諸外国のように国王が国民を支配するのではなく、国民のために天皇が存在する。

だから天皇は、国民一人ひとりの幸せを2600年以上、祈りつづけているんです。

そうそう！「天皇」を英語に訳すと「Tenno」または「Emperor（エンペラー／皇帝）」って出るんです。

エンペラーってね、世界で一番位が高いんですよ。王様や大統領よりも上です。**現在エンペラーと呼ばれているのは、地球上で日本の天皇だけです。**

別にね、天皇が自ら「エンペラーだ！皇帝だ！」と名乗ったことは一度もありませんよ。天皇は天皇としか言いようがないしね。

でもね、**世界の目から見たら日本の天皇はエンペラーに値するそうです。**

歴史の長さはもちろん、世界から慕われていないとこうはなりませんよ。

上皇陛下が即位したときはめちゃんこすごかったんです！
平成2年に行われた即位の礼では、世界中の国家元首、王室、大統領など約1
60か国の要人（約2500人）が参列しました。
世界規模でのこれだけのイベントは他になかなかありませんよ。

外国へ訪問すれば、どこの国へ行っても国賓としておもてなしされます。
ぼくたち日本人が戴《いただ》く天皇とは世界から見るとそういった存在です。
だからといって、それにおごらず誇りを胸に、気を引き締めて参らねばと思います。

天皇とはどういう存在なのか？②

ぼくらのような人権がない存在

ほとんどの人が、「天皇がなにをしているのか」「どういう存在なのか」答えられません。

それどころか、「天皇」にマイナスのイメージばかりを抱かせ、一種のタブーの世界が作り上げられてしまいました。

ここで誤解を解いておきたいのですが、みなさんがなんとなく抱いているイメージに「戦前の天皇＝独裁者（天皇主権）」ってありません？

特に明治天皇や昭和天皇だね。

これね、嘘《うそ》っぱちですから〜〜！　天皇には政治や軍に介入するような権力はありませーん！

「じゃあ大日本帝国憲法（明治憲法）はどうなんだ？　第11条に『天皇ハ陸海軍ヲ統帥ス』と書いてあるじゃないか？」と言う人もいます。

たしかにそう書いてありますが、これは形式上のことで、実際はなにもできません。帝国議会が決め、軍には別に統帥部もありました。

それでも「独裁者だった」と言う人がいたらこう聞いてください。

「じゃあ具体的な独裁者っぷりを教えてください。○年○月○日に強引に政治に介入した！　とか、軍を好きなように動かしたという具体的な実例を。独裁者というからには100個は教えてほしいけど、とりあえず1個だけでいいです！」

おそらく誰も答えることはできませんよ。そんな事実ないので。

戦後GHQがやってきて、日本人にアンケートをとりました。

天皇・皇室制度の存続・廃止についてです。そうしたら85%が存続を希望したんです。すごくないですか？　もし独裁者だったらこうはいきませんよ。

同じ時期にイタリアでは国民投票で王室が廃止されました。
さてつぎに天皇の人権について見てみましょうか。衝撃ですよ！

・宗教の自由がない……神道なので。
・職業選択の自由がない……祭祀や公務がお仕事なので。
・言論の自由がない……政教分離によって政治には介入できないし、もともとしない。選挙権・被選挙権もありません。
・学問の自由がない……たとえば憲法学を学びたいと思っても政治に関わってしまうのでNG。できるだけ関わらないような動物や植物などの研究をします。
・引越しの自由がない……皇居なので。

どうです？　これだけ人権がなく、普段は祭祀や公務でスケジュールがいっぱいなんです。逆に、どんな自由だったらあるのかを考えてしまうほどです。

さらに生活もかなり質素なんですよ。

皇室には質素倹約の精神が古代からありました。お食事も質素で、現在では**1日の摂取カロリーは1800キロカロリーに抑えられているそうです。**

天皇が使える個人的なお金はそんなに多くありません。

保険にも入れないので病院にかかると全額自己負担です。

昭和天皇はGHQによる没収で財産がほとんど残らず、株や国債を買って運用していました。ある皇族はお金が足りず、執筆や講演で生計を立てていたと聞きます。

もちろん、皇室を存続させるのには莫大《ばくだい》なお金がかかります。

年間200億円（国民一人200円程度）ともいわれていますが、この価値はお金に変えられません。

世界では歴史が長いというだけで評価されます。2600年以上続く歴史を年間200億円で買えるなら欲しい、という国はたくさんあるでしょう。

天皇とは、その星に生まれた宿命を背負って生きていくようなものです。

ぼくたちが当たり前のようにもっている人権や自由もなく、国家の安寧、国民一人ひとりの幸せを毎日神に祈ります。

人生のすべてを捧げて、全身全霊で「天皇」というお役目を務めます。

もしそれが自分だったらどうだろう？　と考えると、できるのかな？　果たせるのかな？　と思っちゃいます。

「万世一系（神話から永遠に続くひとつの血筋）」という言葉があります。

日本の天皇以上にさかのぼれる血統は世界中どこにもありません。

唯一無二ですよ。これがいかに奇跡的なことなのか。

日本人として生まれたならその重みを、その歴史を、その伝統をいま一度みつめ直さなければいけません。

「天皇とはどういう存在なのか？」を、一人ひとり考える必要がありますよね。

伊勢神宮は、「なに」が「どう」すごいのか？

全国に８万社以上ある神社の中で、もっとも尊いのが神道の最高位の社・伊勢神宮です。

内宮《ないくう》と外宮をはじめ14か所の別宮、43か所の摂社、24か所の末社、42か所の所管社があり、これら１２５社を総称して神宮といいます。

では、伊勢神宮のなにがそんなに尊いのでしょうか？　難しい問いですね。

古事記を読むと、イザナギがアマテラスを高天原の統治者に任命します。

高天原とは天空の世界なんですが、地上世界ともつながっているんです。

天岩戸神話でアマテラスがお隠れになったとき、高天原はもちろん地上世界までも闇に包まれました。

つまり、アマテラスは高天原と地上世界の両方の統治者ということです。

そのアマテラスが天孫降臨の際、「この鏡を私だと思ってちゃんと祀りなさ〜い」とニニギに八咫鏡を渡しました。

なので、**「アマテラス＝八咫鏡」を祀る伊勢神宮が一番尊いのです。**

じゃあ「いつから神宮ってあるの？」って話ですが、古事記によると時代は10代崇神天皇にさかのぼります。

この時代に疫病が流行《はや》るのですが、そのとき、神様（大物主）の助言で宮中（天皇のお住まい）にある三種の神器を他に移せば大丈夫という話になります。

そこで11代垂仁天皇の娘・倭姫《やまとひめ》が「八咫鏡」を持って各地を旅するわけです。そこで最終的にたどり着いたのが伊勢でした。

アマテラスのご神託があり「伊勢は、うまし国（美しい国）」だと鎮座しました。これが内宮（皇大神宮）のはじまり。

神話によるといまから2000年前のことです。 ちなみにその約500年後に外宮（豊受大神宮）が創建されました。

八咫鏡はもともと宮中にあったものなので、神宮で行われる祭祀は宮中から分離された宮中祭祀ということになります。

他の神社は、神様を祀る場所なのでこれが他の神社と大きく違うポイントです。

大小さまざまなお祭りが年間1500回ほど行われています。中でも毎日朝と夕に外宮で行われている「日別朝夕大御饌祭《ひごとあさゆうおおみけさい》（アマテラスのお食事タイム）」は、1500年間一度も途絶えたことがありません！ **雨の日も雪の日も、あの伊勢湾台風の日もやりました！ いままでに100万回以上です。**

有名なのが20年に一度の式年遷宮です。

内宮、外宮の社殿や鳥居、装束、宇治橋などすべてを作り替えます。

第1回が持統天皇4年（690年）で、応仁の乱の一時期に中断はあったものの、現在までに62回（最終は平成25年／2013年）の遷宮が行われました。

次回は西暦2033年になります。

この式年遷宮はなんのためにやるのか？ とよく思われるのですが、一言でいうと「常若《とこわか》」の精神だと思います。

「命は常に新しく美しく」という日本独特の知恵と美学によって、伊勢神宮は

保たれています。

石で頑丈に作られたギリシャのパルテノン神殿、エジプトのアブシンベル神殿、マヤの神殿などはすでに遺跡となり当時の役割はもう果たしていません。

しかし、伊勢神宮は式年遷宮によって、約１３００年前と同じ姿で同じ役割がいまも変わらずありつづけています。まさに永遠の命です。

伊勢神宮には、他の神社には存在しない特別な大宮司と少宮司がいます。

さらにその上に「祭主」という役職があります。

祭主とは基本的には天皇の娘が務め、天皇に代わり祭祀を司《つかさど》り、「天皇（祭祀王）の意思をアマテラスに伝える」のが役目になります。

昭和天皇の娘の池田厚子様や、現在では上皇の娘の黒田清子様が務め、何年か後には愛子様もお務めされることと思います。

さて、バシッと！　ま・と・め・る・よ！

伊勢神宮とは、「天皇陛下が国家安寧と、国民一人ひとりの幸せをアマテラス

に祈る場所」です！　ぼくやあなたの幸せが祈られているんですよ！

みなさんどう感じます？　これを知っちゃうと、ぼくら国民が伊勢神宮へ行ったとき祈ることはたったひとつしかありません！

「天皇《すめらぎ》弥栄《いやさか》」、つまり天皇・皇室・国が永遠に栄えつづけますようにという意味です。

この天皇と国民の「祈りの循環」こそが、伊勢神宮の真髄です。

伊勢神宮とは日本人にとって特別な存在です。神宮を知り、日本を知り、そして自分を知る。ぼくは日本人としてつぎの言葉のような心でありたい。

元々本々――はじめをはじめとし、もとをもととす

（古《いにしえ》よりある日本の原点をみつめ、そして本質をみつめつづけること）

めちゃんこ“無防備”な京都御所の理由

京都御所へ行ったことはありますか？

平安時代から明治初期まで1000年以上、歴代の天皇が暮らしていたお家です。50代桓武天皇から122代明治天皇までね。

でも、京都御所の話をする前に、世界のお城の話をまずしなくちゃ。
世界の歴史を見ると、その国のトップである皇帝や王様ってどんなところに住んでいます？　ヨーロッパだったら山の上だったり湖のほとりだったり、でっかいお堀があったり、高い石垣で城壁ドーーンってあったりね。
中国でいうと明・清朝の紫禁城が有名ですね。『ラストエンペラー』のね。何重にも高い壁で囲まれていて、その高さは20メートル以上あります。

なにがいいたいかというと、お城って皇帝とか王様を守る役割もあるんです。

国外から敵が攻めてきたり、国内でも王様に不満があれば国民が敵になったりすることもあります。

いつ敵が攻めてきても、大きな堀や高い塀（石垣）があれば有利に戦えます。

日本のお城だってそうですよ。大名たちが作るお城は頑丈で攻め落とされない、難攻不落を目指して築きます。

さて、京都御所です！

日本のトップである天皇の京都御所って、めちゃんこ「無防備」なんです。

お堀もないし、塀の高さも7メートルくらいかな。これってハシゴでもかければ誰でも入れちゃうくらいの高さです。

遠くを見渡すための高いやぐらもありません。たくさんの軍を配置するスペースもありません。そもそも天皇の軍っていないんだけどね。

どういうことかというと、**最初っから戦うことを想定していない作りなんです。**

誰も天皇を殺そうと思わないし、天皇も国民が攻めてくると思っていないんです。

京都御所から数十分のところにある二条城は徳川家のお城です。

ここは堀や塀がガッツリありますので戦うことを想定しています。

実際、天皇と国民が対立関係になったことはありません。

それを物語っている言葉があります。

「大御宝《おおみたから》」と「大御心《おおみごころ》」です。

神武天皇の建国の理念は、「国民のための国を作ること」でした。

そして、**国民のことを「大御宝（宝物）」と呼んだのです。**

しかも「大」と「御」がつくので「超々宝物〜！」って感じですかね。国民は、そんな天皇のお気持ちを「大御心」と言っていました。

そういえば江戸時代、天皇の即位式って一般庶民に大人気でした。

なぜかというと京都御所に入って見物ができたんです！

「切手札」と呼ばれる入場券をゲットできた人だけが入れます。

116代桃園天皇の即位式では、男性100人、女性200人と記録があります。めちゃラッキーですよね！

その光景を描いた屏風《びょうぶ》には、子供や赤ちゃんに授乳する女性の姿もあります。

元日には能狂言を観劇できたり、季節の変わり目には節分参賀もあったりしました。現在の園遊会や一般参賀と似ていますよね。

ぼくらが思っているより、天皇・皇室は身近な存在でした。

天皇が国民を想うエピソードを少し紹介します。

16代仁徳天皇の「民のかまど」の話は有名です。

民のかまどから煙が上がっていないことに気づき、**きっと貧しくて炊くものがないのだろうと税金を計6年間免除しました。**天皇は衣の新調をせず、宮垣が崩れ、屋根は破れ、星の光がこぼれるような状態になっていました。

民に愛された仁徳天皇の陵《みささぎ》（大阪）は、世界一大きく作られたとさ。

34代舒明《じょめい》天皇の御製（和歌）にも、こんな一節があります。現代語訳ね。

「大和にはたくさんの山があるけれど、天の香具山に登り国を見れば、煙が（民のかまどに）立ち、池には水鳥が飛びかっている。なんと素晴らしい国なんだ大和の国は」。このように国民の生活を喜んでいます。

聖徳太子の十七条憲法（第12条）にもちゃんと出てきます。

簡単に訳すと**「役人は百姓（国民）から勝手に税をとるな」**といっています。「百姓」と書いて「おおみたから」と読みます。

昭和63年、昭和天皇は大量の吐血をされ病床に伏していました。

雨の多い秋でしたが、お見舞いの記帳をした国民は1000万人を超えたそうです。

そして、昭和天皇は、**「雨が続いているが稲の方はどうか？」**と、稲＝国民の生活を気になさっていました。

こういったエピソードはたくさんあります。

そりゃ2600年以上も続くわけです。

京都御所が無防備なのもわかりますよね。

京都御所は、一般公開されていますのでぜひご覧ください。

3 身近な神社に隠された秘密

神社とお寺の違いって？

神社（神道《しんとう》）
神様は大自然（八百万《やおよろず》の神）
教えはなく自然を畏れ敬い恵みに感謝する
お寺（仏教）
神様はお釈迦様や阿弥陀様など
まぶしーぴょん
ブッダの教えで迷いや苦しみから抜け出して穏やかに生きましょう
天皇
天皇のもと神道と仏教は1000年以上仲よく共存してたんやに
これが有名な神仏習合ぴょん
神道
仏教
しかし明治時代の神仏分離によって別々の道を歩むようになった

初詣にはよく、神社かお寺に行きますよね。

なかには、自分がどちらに行っているのかわからないで参拝する方もいるそうです。日本人は宗教観というのがとても薄く、仏教だってキリスト教だって受け入れちゃう不思議な民族なんです。

七五三で神社へ行き、お盆休みにお墓参りをし、クリスマスに盛り上がります。

これ、宗教バラバラですからね（笑）。


簡単に分けると、神社は「神道」、お寺は「仏教」です。


神道というのは日本古来のもので、宗教というよりも「文化」っていう方がしっくりくるかな。

〝八百万の神〟といって、あらゆるものに神様を感じ敬います。

もちろん、古事記に登場する神様もそうですが、大自然を神様ととらえます。

太陽、木、水、風、火、土、海、山、雨、雷、田んぼ、お米など。

人が作った人工物でさえも、家の神、かまどの神、剣の神、トイレの神となります。

他の宗教にあるような「教え（教典）」もありません。

すべてを神様ととらえると、「人間は大自然の恵みに生かされている」と謙虚な気持ちになり、畏れ敬い、何事にも感謝して生きるようになります。

そこに「和の精神」も加わり「自然との和」「人との和」も生まれます。

ご飯を食べるときも、あなたの命をありがたくいただきますという意味で「いただきます」と言い、食べ終わると感謝を込めて「ごちそうさまでした」と言います。英語など他の言語では正確な翻訳ができない言葉です。


さて、仏教ですが、インド発祥の宗教で、ご存じブッダ（お釈迦様《しゃかさま》）が開祖です。日本に伝来したのが西暦552年（諸説あり）です。

修行をすることで、生きる苦しみから抜け、悟りを開き、死後は極楽浄土へ行きましょう……みたいな感じかな。

仏教が日本に伝来してきたことによって、神道にも大きな影響がありました。

仏教徒はお寺を建て宗教活動をしました。

それまでの神道では、山や海や岩などが神様のいるところで、特に建物（社）

がありませんでした。

仏教のお寺を見て、神道でも「これいい!」と社殿を作ることになりました。

神社とお寺の建物が似ているのはこのためです。

天皇も仏教を盛り上げたんです。

33代推古天皇の「三宝興隆の詔」だね。

次第に勢力が大きくなっていくと、神道と仏教それぞれが生き残るためにこんな現象が起きました。

「神道の神様と仏教の神様ってもともと一緒じゃん!」と、神と仏を合わせた「神仏習合」です。

たとえば、「神道のアマテラスと仏教の大日如来は同じ太陽の神様だよね!」とか、「スサノオと牛頭天王《ごずてんのう》は同じだね!」とか、「イチキシマヒメと弁財天は同じだよね!」とか。

みなさんのご近所でも、神社とお寺が隣にあったりしますよね。

これも神仏習合の名残です。

ヨーロッパだったら宗教戦争が起きてもおかしくありませんが、日本は神仏習合という独自の発明で、それぞれが潰しあうことなく共存していきます。

明治時代になって、1000年以上続いた神仏習合も終わります。

天皇中心の王政復古に立ち返る時代で、原点回帰ということで「神仏分離」が起きました。**神道を強化する反面、仏教を排除していきます。**

寺院や仏像などが大きな被害を受けたそうです。江戸時代には30万か寺あったそうですが、明治時代には10万か寺になり、現在は7万か寺あるそうです。

これがざっくりした神社とお寺の歴史です。

神社とお寺の簡単な見分け方を紹介しましょう。

鳥居があるのは神社。鐘やお墓があるのはお寺。

「○○社」「○○宮」は神社。「○○寺」「○○院」はお寺。

神職、神主、巫女《みこ》は神社。僧侶（お坊さん）、尼さん、住職はお寺。

特徴としては鏡、しめ縄は神社。仏像、数珠、お線香、護摩は仏教。参拝方法も違い、神社では基本的に二拝二拍手一拝です。お寺では胸の前で手を合わせるだけです。

共通しているのは、狛犬《こまいぬ》や灯籠とかかな。

余談ですが、現在のお金に描かれているお寺を知っていますか？

そう！　10円玉です。ご存じ、平等院鳳凰堂《ほうおうどう》（京都）です。

あと1万円札の鳳凰も平等院の鳳凰だね。

戦前までは神社が描かれていた紙幣もあったんですよ。靖國神社の50銭札、宇倍神社（鳥取）と武内宿禰《すくね》の５円札、日本初の１０００円札（昭和20年の最高額紙幣）は建部大社（滋賀）とヤマトタケルです。

神社好きとしては、こういったのもぜひ復活してほしいな〜と思う次第です！

古事記の神様が9割！
神社の「種類」と「見方」

みなさんの家の近くにはどんな神社がありますか？

稲荷神社、八幡神社、氷川神社、春日神社……いろいろあるよね。

そこの神社の神様が誰なのかまでご存じでしょうか？

「全国に8万社以上もあるからすべての神社の神様は覚えられな〜い！」って思いますよね。

でもよく見るとね、結構大きく分類されるのでわかりやすいのです。

総本社（大本になった神社）があって、その神様を分霊《わけみたま》した神社が全国に広がっています。

わかりやすくいうと、**総本社が「本店」で、その他の神社は「支店」だね。**

古事記に登場した神様の代表的な神社を挙げていきましょう。


【アマテラス／太陽の神様】

総本社　伊勢神宮（三重）→　分社　神明神社、天祖神社、東京大神宮など

【15代応神天皇／武家の守護神】

総本社 宇佐神宮（大分）↓ 分社 石清水八幡宮（京都）、鶴岡八幡宮（神奈川）、八幡神社、八幡宮など

【スサノオ／嵐の神様・海原の神様】

総本社 氷川神社（埼玉）↓ 分社 氷川神社、八坂神社（京都）

【ウカノミタマ（お稲荷さんの本名。語源はイネナリ《稲成》）／穀物の神様】

総本社 伏見稲荷大社（京都）↓ 分社 豊川稲荷（愛知）、祐徳稲荷神社（佐賀）、笠間稲荷神社（茨城）、ほか稲荷神社

【タケミカヅチ／雷神・剣の神様】

総本社 春日大社（奈良）↓ 分社 春日神社、鹿島神宮（茨城）

【タケミナカタ（大国主の息子）／武勇の神様】

総本社 諏訪大社（長野）→ 分社 諏訪神社

【住吉三神（ソコツツノオ、ナカツツノオ、ウワツツノオ）／航海の神様】

総本社 住吉大社（大阪）→ 分社 住吉神社

【宗像三女神（タゴリヒメ、イチキシマヒメ、タギツヒメ）／海の女神】

総本社 宗像大社（福岡）→ 分社 宗像神社、厳島神社（広島）

全国にある神社のご祭神の、9割くらいは古事記に登場した神様です。

その他は歴代の天皇や戦国武将、戦争で命を落とした軍人さんなどです。

古事記を知る前までだったら、行きたい神社といえば、有名な神社だったり、ご縁を感じる神社だったりします。

でも古事記を知ると、「この神様に会いたい！」「この神様が祀《まつ》られている神社

はどこかな？」という目線がプラスされます。

こういう基準で神社めぐりするのも楽しいですよね。

あと、江戸時代まで使われていた地名があります。
令制《りょうせい》国といって、河内国、伊豆国、信濃国、若狭国、美作国、土佐国、大隅国など約70か国あります。
朝廷などから決められたものではなく、**地元で一番信仰を集めていた神社を「一宮」といいます。**二宮、三宮……といくつもあったりします。

たとえばぼくは名古屋出身なので「尾張国」です。

その一宮は真清田神社（一宮市）です。

二宮は大縣神社（犬山市）、三宮は熱田《あつた》神宮（名古屋市）です。

熊本だと「肥後国」です。

一宮は阿蘇神社（阿蘇市）、二宮は甲佐神社（上益城郡）、三宮は藤崎八幡宮（熊本市）です。

こんな感じで地元の一宮を参拝するのもいいですよね。近年では全国の一宮を巡るのが流行《はや》っているそうですね。

護国神社ってご存じですか？　**明治時代から太平洋戦争まで、国のために戦って戦死した英霊を祀った神社です。**

その代表的な神社が靖國神社（東京）です。

じつはすべての県ではないのですが、各都道府県にも地元の英霊を祀る神社があります。それが護国神社です。

愛知縣護國神社とか、埼玉縣護國神社とか、福井県護国神社という名称です。

「国を護る」ために戦った英霊。**ぼくたちが現在平和な生活を送れるのは間違いなくこの英霊たちが戦ってくれたおかげです。**

まだ10代の若い英霊もいっぱいいます。

靖國神社には「遊就館」という戦争に関する博物館があります。

ここでは英霊たちの手紙なども展示してあります。

どういう想《おも》いで戦ったのか、どういう未来を夢見たのか。

現代人には考えられないほどの格調高い文章と、立派な文字で綴《つづ》られています。

どうか地元の護国神社や戦争資料館、そして靖國神社、遊就館へ足を運んでください。

神社参拝の楽しみ方

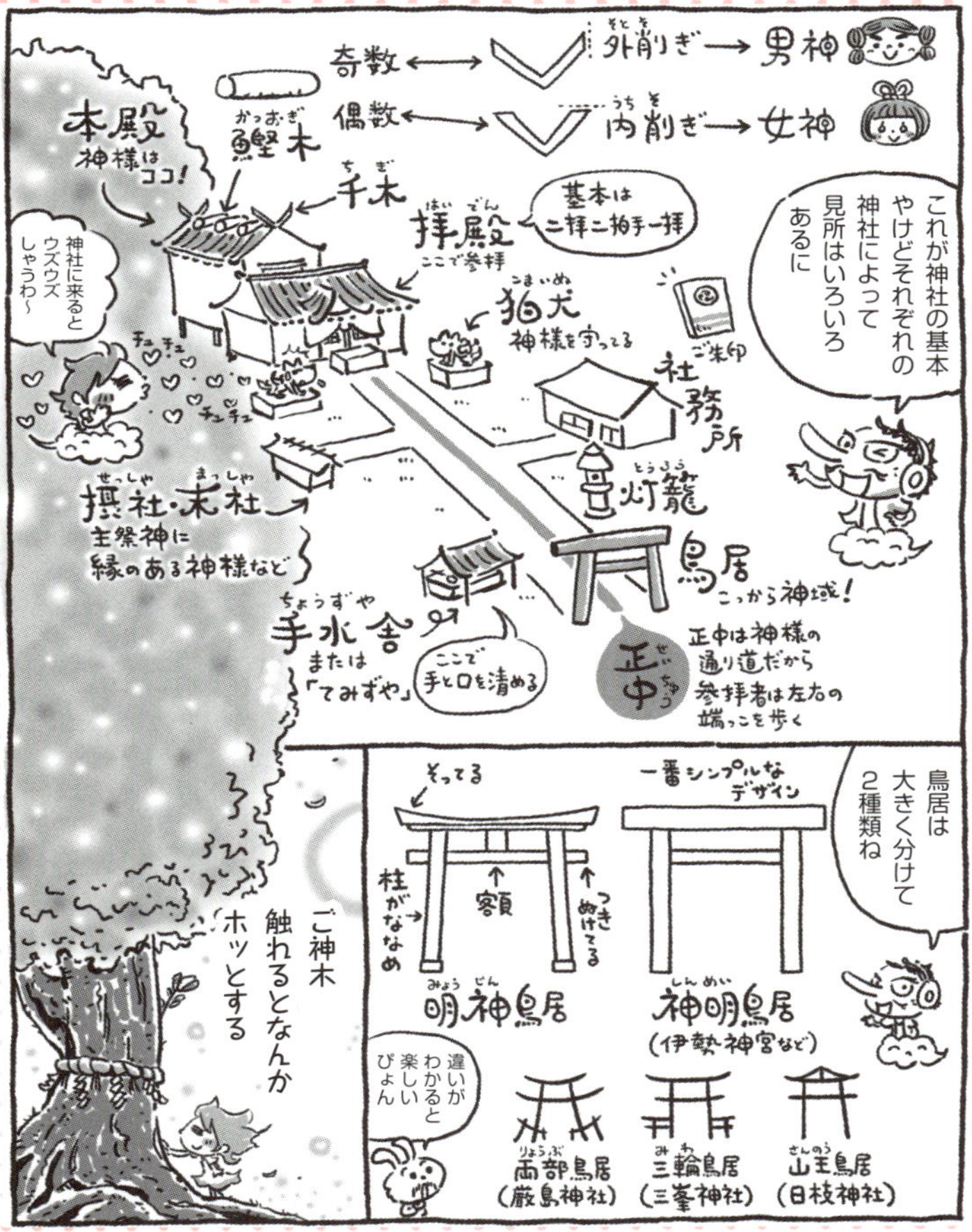

奇数
外削《そと そ》ぎ→男神
偶数
内削《うち そ》ぎ→女神
鰹木《かつおぎ》
本殿
神様はココ！
千木《ちぎ》
拝殿《はいでん》
ここで参拝
基本は二拝二拍手一拝
これが神社の基本やけどそれぞれの神社によって見所はいろいろあるに
神社に来るとウズウズしゃうわ～
チュチュ
チュチュ
狛犬《こまいぬ》
神様を守ってる
ご朱印
社務所
灯籠《とうろう》
摂社《せっしゃ》・末社《まっしゃ》
主祭神に縁のある神様など
鳥居
ここから神域！
手水舎《ちょうずや》
または「てみずや」
ここで手と口を清める
正中
正中は神様の通り道だから参拝者は左右の端っこを歩く
ご神木
触れるとなんかホッとする
鳥居は大きく分けて2種類ね
そってる
一番シンプルなデザイン
柱がななめ
額
つきぬけてる
明神《みょうじん》鳥居
神明《しんめい》鳥居
(伊勢神宮など)
違いがわかると楽しいぴょん
両部《りょうぶ》鳥居
(厳島神社)
三輪《みわ》鳥居
(三峯神社)
山王《さんのう》鳥居
(日枝神社)

ぼくは、仕事の打ち合わせや出張などで出かけるときは、事前に近くの神社をチェックします。

全国には約8万社以上も神社はありますので、近くに神社がまったくないということはほとんどありません。それがぼくの神社ライフです。

まず入口にある鳥居です。

鳥居とは、「ここから先は神域ですよ！」という一種の門です。

必ず一礼をして通ってください。

鳥居もまたこの種類が多いんですよ。ぼくは必ず「鳥居チェック」をします。**形もそうですが、大きさ、素材（木、石、金属など）、形、色などさまざまです。**普段見なれない金色の鳥居など見ると「おお！」と思いますが、やはりぼくは一番シンプルな神明鳥居がグッときますね。代表的な形は「神明鳥居」と「明神鳥居」です。

参道の真ん中は神様が通る「正中」という見えない道なので、必ず左右どちらか端っこを歩きます。

手水舎で手や口を清め、拝殿・本殿へ向かいます。

途中、狛犬チェックがあります。狛犬は神の使いであり、魔除《まよ》けの意味がありま す。狛犬は架空の生き物だといわれていて、獅子《しし》に似た感じでしょうか。

沖縄のシーサーのように左右で口が開いていたり閉じていたりします。

表情豊かで、猛々《たけだけ》しかったりゆるキャラのようだったり。

前足のところに子供の狛犬がいたり鞠《まり》を抱えていたりね。

神社によってはキツネ、サル、ウサギ、カメなども。狛犬ファンもいま急上昇中です。

あと神社の由緒書きなどの立札を見ます。

その神社のご祭神や由来をチェックします。

神様が誰なのかを参拝前に知っておくことは重要です。

いよいよ拝殿です。

よく「おさい銭っていくら入れればいいのですか？」と聞かれるのですが、いくらでもOKです。気持ちですから。ぼくもおさい銭を入れますが、神様に願いごとをするためにではありません。

神社を維持していくのってタダじゃありません。神社を保つために管理する方もいらっしゃいます。時が経《た》てば修繕も必要になります。そういったことに少しでも足しになればいいなという気持ちです。

ぼくが思うに、大切なのは神社の前では自分が素直になれることだと思います。誰も神様の前ではわざわざ嘘《うそ》はつかないでしょ？

日本人は昔からこう言います。

「お天道様（アマテラス）が見ている」

人生のどんな状況であっても神様が見ている、見守ってくれているということへの感謝。そういった気持ちになれる「神社という施設をこれからもどうか残してください！」という意味でおさい銭を入れます。

ぼくは神社を「お願いする場所」とは思っていません。

「これからの人生を決意する場所」と思っています。

「○○をするので見守ってください」という気持ちです。ぼくの参拝方法です

けどよろしければご参考までに。

拝殿の見所は、「千木」と「鰹木」のチェックです。

それぞれ屋根を見るとわかるのですが、それをチェックすることで神様が男神なのか女神なのかがわかるんです。

千木は交差したものです。これの削ぎ方で祀られている神様が男女どちらなのかがわかるんです。

それに連動して鰹木の本数です。**奇数は男神で偶数は女神となっています**（129ページ図参照！）。

由緒書きで神様をチェックして、千木と鰹木で男神か女神かを再チェックします。そこがあっているとうれしくなっちゃいます。マニアック（笑）。

あと摂社・末社のチェックです。

本殿とは別に小さい社が境内にあったりします。

主祭神との関係性を調べるのも面白いです。たとえば夫婦だったり親子だったり兄弟だったり。はたまた全然関係ねぇじゃねーのっていう神様も祀られていたり！　由来は神社それぞれにあります。

境内を見渡すと「ご神木」があります。

立派な木が育つということは、そこには神様が宿っているという証《あかし》でもあります。大人になると木に触れることもあまりありませんが、木肌に手を置くとなんともいえない安心感があります。

ぼくには霊感とかいっさいないけど、なんだか木と会話している気分になります。素になれるのも神社の魅力ですよね。

国民が立ち上がり、国を動かし作った「明治神宮・鎮守の森」

写真：久喜市提供

みなさん、明治神宮に行かれたことありますか？

年間1000万人の参拝者がいるそうです。

東京のど真ん中にある森です。

いつもぼくらが目にする参道や拝殿などは、明治神宮のほんの一部にすぎません。広大な敷地の90％は、普段誰も立ち入れない神域「鎮守の森」なんです。

この明治神宮の森ができるまでのお話をしましょう。

ご存じの通り、明治神宮には明治天皇と昭憲皇太后が祀られています。
年間1000万人も参拝者がいるのに、そのほとんどの人が明治天皇のことを知らないのが残念ですが（明治天皇の話は4章）。
明治45年（1912年）に崩御され、御陵（お墓）は、京都の伏見に作られます。

その後国民から明治天皇を偲《しの》ぶ声が上がり、そして国が動き神社を作ることになりました。

当初「うちの地域に作って〜！」という候補地が約40か所ありました。

富士山とか箱根とか水戸とかね。その中で選ばれたのが東京の原宿でした。皇居にも近いしね。

当時の明治神宮の土地はなにもないただの原っぱ。

もともとは肥後藩や彦根藩のお屋敷があったんですが、１００年前は原っぱ（「原っぱの宿場」が転じて「原宿」となったとも）だったんです！

さて、その神社を作るに際して「森を作る」計画となり、**その大役を担ったのが、日本の「公園の父」と呼ばれた天才林学博士で造園家の本多静六でした。**

日比谷公園（東京）、鶴ヶ城公園（福島）、大濠《おおほり》公園（福岡）など大小あわせて数百か所の公園作りに携わっています。

ぼくの地元の名古屋の鶴舞公園なんかも～♪

時の総理大臣・大隈重信は伊勢や日光のような杉林を望みましたが、本多は「東京の地に杉は育たない」と直談判《じかだんぱん》します。

その結果、常緑広葉樹を主とした森を計画します。

本多の目指した森は、「永久に荘厳で神聖なる森」でした。

な〜〜んもない原っぱに「太古の原生森」を作る。しかも**一度木を植えたら二度と人の手を加えず、自然の力だけで育つ森**を考えました。結果は100年、200年経たないとわかりません。壮大な実験でもあります。

まず大量の木の苗を必要としました。

そこで国民に苗を提供してもらおうと募集したところ、日本全国さらに台湾・朝鮮からも「献木します！」と、あっという間に集まったそうです。

しかも造営のボランティアも「やりま〜す！」という人々が殺到しました。

この話だけでも、明治天皇がいかに国民から慕われていたのかがよくわかります。**集まった苗木は10万本、ボランティアで参加した国民は延べ10万人を超えました。**その中には土木や造園、建築などのプロも大勢います。

まさに日本中が参加した一大プロジェクトでした。

この明治神宮の森は、国民が立ち上がり国を動かし、国民が作った森です。

大正9年（1920年）に完成しますが、まだ木も育っていないのでスカスカした林でした。

それから約100年。

どうですか、みなさん。明治神宮の森すごくないですか？

100年前に植えてから人の手がいっさい加わっていないんです。

近年この森の調査が行われました。いまや絶滅危惧種といわれる魚・鳥・昆虫・花・キノコ・菌など日本古来の在来種がここでは生きています！　マジカル～ミラクル～～♪

専門家も驚くほど、21世紀の現代にありえない生態系をなしているんです！

3000種の動植物、タヌキやタカもいます。

本多が予想していたプランでは、いまの森の成長レベルは150年後のものです。

しかし！　実際はこれに100年で到達しました。

天才本多の予想をはるかに上回るスピードで森は育っています！

明治神宮の森は「人工の森」です。こんなに豊かな人工の森は世界に2つとありません！

ある人が言っていました。「この人工の森はノーベル賞に値する」と。

2020年は創建100年を迎えます。

ぜひ明治神宮の森をご覧ください。

100年前の日本人が未来の日本人に残した〝タイムカプセル〟が開かれています。本多静六がこの森を見たらなにを想うんでしょうね。

いまこそ正しく知りたい日本の大麻の話

大麻（＝麻）に、マイナスのイメージをもっている方も多いですよね。

でもじつは、日本の伝統・文化に欠かせない植物です。

日本では縄文時代から大麻の栽培が行われていました。

縄文土器の「縄」って麻の縄なんです。約1万年前の鳥浜貝塚（福井）などからも麻縄が出土しています。

「神の草」と呼ばれ、神道の祭祀《さいし》から衣食住まで、あらゆることに大麻は活用されてきました。

神社でいうと、しめ縄、拝殿の鈴の緒、神官の装束、巫女さんの髪結いなどに、大麻は使われることがあります。また、重要な祭祀のときには、頭に大麻を巻くこともあります。

お祓《はら》いをするときに、サッサッと左右に振る棒（祓串《はらえぐし》）ありますよね。あれは榊《さかき》の木に紙垂《しで》と、大麻を付けたもので「大麻《おおぬさ》」といいます。


大麻には祓いの力があり、古代より魔除け、穢《けが》れ祓いに使われてきました。

衣服としてはもちろん下駄の鼻緒、畳糸、壁材、蚊帳《かや》、和紙、釣糸、弓弦《ゆづる》（弓に張る糸）、横綱の綱などにも大麻は使われています。

白川郷の合掌造りにも大麻は必須です。

麻と名のつく地名もたくさんあるし、大麻神社など麻に関係する神社も全国にいっぱいあります。

大麻比古神社（徳島）は衣料の神様として有名だね。もちろん神紋は麻紋です。古事記では天岩戸神話のシーンでアマテラスを岩戸から出すために、三種の神器の鏡と勾玉の他に、麻布が使われています。

伊勢神宮（ほか全国の神社）で頒布されている「アマテラスのお神札《ふだ》」をご存じですか？

「天照皇大神宮」と書かれたこの神札を「神宮大麻」といいます。

昔からお祓いを受けた人に渡していたものを、お神札や大麻といいました。

なかでも、伊勢のお神札は別格で、江戸時代にはほとんどの家にこの神宮大麻があったそうです。

大麻の生命力はすさまじく、３か月で３メートル以上も育ちます。

昔の日本では赤ちゃんが生まれたら、麻のようにすくすく丈夫に育ってほしいと願いを込めて、麻の葉模様の服を着せたものです。

大麻は根をくまなく張るため、収穫後の土はふっかふかです。**やせた土地に大麻を植えると土壌改良にもなります。**農薬や化学肥料もいらないし害虫にも強いしね。

麻の実（ヘンプシード）は、大豆に匹敵するほど高タンパクで栄養価に優れています。美容にもとってもいいんです。

日本人にとって昔から麻の実はサプリ感覚だったんです。

七味にも入っているし（大きい黒い粒）、サプリやオイルやクリームとかもあるよね。ちまたではスーパーフードとも～。


さてそんな大麻ですが、戦前の日本は世界最大の大麻生産国でした。

大麻って誤解されているけど、**もともと日本古来の大麻には麻薬効果はほぼありません（吸う文化もないしね）。**

インドなど外国から入ってきた麻薬効果の強い大麻には規制していたんだけど、戦後ＧＨＱの大麻取締法（昭和23年）によって、「ぜ～んぶダメ～！」ってなってしまいました。

その結果、戦前まではまったく害がなく生活に密着していた大麻でしたが、戦後になって「大麻＝麻薬（有害）」となってしまいました。

ちょっとでも大麻というと、危険！　違法！　犯罪！　ってアレルギーみたいだもんね。フグには毒があるからフグは全面禁止～！　みたいな話だね。

衣料品分野でも安価な化学繊維（石油）が普及し、大麻の栽培は激減し現在ではほぼ絶滅状態です。よって、**神社のしめ縄なども中国産の大麻だったり、ビニールだったり……。**どうなの、これ？

ぼくは以前から麻（ヘンプ）の服が好きでよく買うんです。靴下とかもね。気持ちいいし、夏なんか特にね。

日本産の大麻は質がよく、夏場の通気性が抜群で肌に張りつかず、ＵＶカット機能でお肌を守り、抗菌性にも優れているんです。

日本の風土にぴったりだね。いまは外国産の麻ばかりだけど、ぜひ日本産の麻で服を作ってほしいな～と思います。

また、石油に代わるエネルギーだとか、医療大麻ともいわれています。
欧米では健康や医療、環境や産業の観点で大麻は合法だったりします。日本はまだまだだね。

大麻はあらゆる可能性を秘め、日本人が愛しつづけてきた植物です。

日本を象徴する花が桜なら、草は大麻だね。戦後衰退してしまいましたが、いま一度見直さなければいけない時期かもしれません。

神社のエピソードいろいろ①

「北方領土を向く北海道神宮」「宇治山田空襲」

【東北を向いた神社】

普通、神社の本殿（拝殿、鳥居など）の向きって南向きか東向きが多いんです。太陽の方を向いているってことだね。

でも例外もあって、大神神社（奈良）や鹿島神宮（茨城）は西を向いています。理由は諸説あります。

北海道神宮はなんと北東を向いています。**これは明治時代、ロシア帝国に対する北の守りとして、北方領土の方に向け作ったからだそうです。**

ちなみに北海道神宮では大国主の他、明治天皇が祀られています！

明治天皇が祀られている神社は、明治神宮と北海道神宮だけです。

【宇治山田空襲（昭和20年）】

戦争末期、日本中で空襲があり、全国200か所の都市が破壊されました。

アメリカはよく日本のことを調べていて、「どこを攻撃したら精神的ダメージを与えることができるのか？」と戦略を練っていました。そこで空襲のターゲットになったのが伊勢神宮です。

当時この地、宇治山田市（現在の伊勢市）は「神都」と呼ばれ、いまと変わらず日本人にとっての聖地でした。たしかにここをやられると日本人のショックはデカいですが、逆に反感を買いそうで逆効果ではと思ってしまいます。実際、日本人はめちゃくちゃ怒ったんですけどね。

1月から始まった空襲で宇治山田市は半壊状態でした。駅や学校、工場や民家も被害にあいました。

そして運命の7月29日です。約40機のアメリカ軍機が神域へ侵入し、内宮《ないくう》に向けて焼夷弾《しょういだん》をつぎつぎと落としました。神職の人たちは消火器を手にし、命がけで内宮を守ろうと待ちかまえていました。

そこで奇跡が起きました！　**なんと内宮を狙った焼夷弾は神風に運ばれ五十鈴川の外へ流れ落ちたんです！　つまり内宮は無傷でした！**

神職たちは「ご神威が示された！」と涙を流しました。

このほかにも外宮、多賀宮、月夜見宮などの社殿は無事でした。

もちろん被害を受けた神社もいくつもありますが、やはり伊勢は神都ですね。

当時の宇治山田市は昭和24年の式年遷宮を行う準備が進められていたんです。式年遷宮って準備だけで9年もかかります。

敗戦で焼け野原と化した日本の世情と昭和天皇の意向で、式年遷宮を延期することになりました。

ただ「宇治橋だけでも新しくしましょう！」となり、昭和24年に新しい宇治橋が架けられました。その4年後に延期されていた式年遷宮は行われました。現在の式年遷宮でも4年早く宇治橋が架けられるのはこのためです。

【初めての神前結婚式】

昔の日本人は、結婚式は自宅で行っていました。現在では神社や教会で行いますが、神社での神前結婚式っていつからなんでしょうね？

じつは初めて神前式を行ったのは大正天皇です。

明治33年、東京大神宮で行われました。

これ以降一般国民の間でも神前式が流行し、いまでは多くの人が神前式を行うようになりました。

【元伊勢】

現在の伊勢神宮って伊勢にありますよね。

でも、この伊勢の地におさまるまで各地を転々としていたんです。

その旅をしたのは2人の女性です。10代崇神天皇の皇女・豊鍬入姫と、11代垂仁天皇の皇女・倭姫です。

「アマテラスを祀るのにもっとも適した地はどこだろう」と、この2人がリレー方式で約90年かけて現在の伊勢にたどり着きました。その辿《たど》った場所を「元伊勢」といって、伝承が残る神社があります。

檜原神社（奈良）、京都の籠神社や皇大神社、濱宮（和歌山）、神明神社（岡山）、阿紀神社（奈良）、坂田神明宮（滋賀）、天神神社（岐阜）、酒見神社（愛知）、瀧原宮（三重）などほかにもたくさん存在します。

伊勢市に行ったら倭姫を祀る「倭姫宮」も、ぜひご参拝くださ〜い。

【氏神様と産土様の違い】

その土地の神様を信仰し、その土地に住んでいる人を「氏子」といいます。
氏神様のもともとの意味は先祖代々の土地の神様でしたが、現代では引越しする人も多く、**いま住んでいる土地の神様を「氏神様」とします。生まれた場所、または幼少期にメインに育った土地の神様を「産土様《うぶすな》（産土神）」といいます。**一生守ってくれる神様です。

人によっては両方同じ神社の場合もあるし、違う神社の場合もあります。
各地域の神社庁に電話をすると、氏神神社を教えてくれますよ。ぜひ二柱の神様を大切にしてください。もし引越しをしちゃって産土神社が遠方でお参りに行けない場合でも大丈夫です！

たとえば産土神社が「八幡様」だとしたら、八幡神社は日本中に4万社はありますので、お近くの八幡神社へお参りしてください。それでも近くに産土神社がなければ自宅で産土神社の方角を向いて遥拝《ようはい》すればＯＫです。

神社のエピソードいろいろ②

鏡開きは「天岩戸開き」だった

【お正月の歳神様って？】

お正月にやってくる神様を歳神様（穀物の神）といいます。

門松は、歳神様に「うちに来てくださ〜い」という目印です。

家にやってきた歳神様は鏡餅に宿ります。

お正月が終わるとこのお餅をみんなで食べるのですが、これを「鏡開き」または「鏡割り」といいます。

このとき、包丁などの刃物で餅を切っちゃうと歳神様を切っちゃうことになるので縁起が悪いんです。

なので手で割ったり金槌《かなづち》などで叩いて割ったりします。


お正月の餅にかぎってなんで鏡餅というんでしょうね？

じつはこの「鏡」は、三種の神器の「八《や》咫鏡《たのかがみ》」を表しています。鏡餅の上に乗せるみかんは橙《だいだい》といって「八《や》尺瓊勾玉《さかにのまがたま》」を表しています。

みかんと餅の間にこんぶや串柿などをはさみます。これは「草薙《くさなぎ》の剣」ですね。

鏡餅ってワンセットで三種の神器を表現しています。

「八咫鏡＝アマテラス」なので**「鏡開き」とは、天岩戸を開いた「天岩戸神話」になぞらえているんです。**


さて、**その歳神様には古事記によると妹がいます。**

なにを隠そうウカノミタマ（お稲荷さん）です！

兄弟揃《そろ》って穀物の神だったんですね。しかも二柱のお父さんはスサノオです！

もちろんスサノオの姉はアマテラスなので、**歳神様って超VIP家系なんですね。**

こういう系図がつながると、神話がますます面白くなります。

ちなみに歳神様が祀られている神社は、奈良の葛木御歳神社や大和神社、静岡浅間神社（静岡）、飛騨《ひだ》一宮水無神社（岐阜）などたくさんあります。


【節分と桃】


2月の節分で鬼や邪気を払うのに、みなさん豆をまきますよね。

お面とセットでコンビニやスーパーなどで売っていますが、**これには効力があ**

りません。だってただの豆だもん。

でも、神社やお寺で「福豆」といって手にできる豆には霊力が宿っています。

もし、福豆をゲットできなかったときは桃でもＯＫです。

桃は昔から邪気を払うといわれていました。古事記を読むとイザナギが悪霊を追っ払うのに桃を投げ見事退散させました。

桃の力ってすごいんです。だから桃から生まれた桃太郎が鬼退治をするんですね。桃を家の中で投げるときは十分周りに気をつけてください（笑）。

桃の木を祀った桃太郎神社（愛知）もあります。鳥居が桃型です。

ちなみに古事記を読むと本名は「オオカムヅミ」となっています。

【天皇の四方拝】

日本にとって神社はどこも大切なのですが、皇室が特に大切にされている神社をご存じですか？

それは正月に行われる「四方拝」に関係しています。

新年を迎え天皇陛下が神様に国や国民の幸せを祈る宮中祭祀です。

元日の早朝、皇居（東京）神嘉殿の南側の庭から四方に向かって遥拝します。

伊勢神宮の内宮、外宮（三重）、天神地祇《てんじんちぎ》（※天津神と国津神すべての神様のこと）、神武天皇陵（奈良）、先帝三代（明治・大正・昭和天皇）の御陵、氷川神社（埼玉）、加茂別雷神社・加茂御祖神社（京都）、石清水八幡宮（京都）、熱田《あつた》神宮（愛知）、鹿島神宮（茨城）、香取《かとり》神宮（千葉）です。

記録に残っている四方拝は59代宇多天皇のときのものですから、1100年以上前です。それ以上前から行われていたといわれています。

儀式書によれば、**「あらゆる国難は我が身（天皇）を通過しますように」**と、国や国民を守る厄払いの呪文を天皇は唱えます。すごい儀式ですね。

しかもただ祈るだけでなく、実際に国難が来たときそれを実行します。

戦後、昭和天皇がマッカーサーに**「戦争に関するすべての責任は私にある。国**

民にはひとりの戦犯もおりません。私の身はどうなろうとかまわないが、どうか国民を助けてもらえないか」と言いました。

この言葉に、マッカーサーは驚愕《きょうがく》したそうです。

古今東西こんなことを言う国のトップは聞いたことがなかったからです。

古事記と神社と歴史を紐解くと、このような壮大な真実が浮かび上がってきます。

本当にビビるよ。知れば知るほど日本に生まれてよかったと、感謝しかありませんね。

お米の国・日本

伊勢神宮の神嘗祭《かんなめさい》(10月17日)はアマテラスに新米を捧げるお祭りなんやに
うひょ〜 めっちゃえーやん サイコー
黄金の国ジパング〜〜!
皇居での新嘗祭《にいなめさい》(11月23日)は神々と天皇陛下が新米を食べるのね
祭主
みずみずしい稲が にぎにぎと 豊かに実る国
昔はお米がお金だったんよ
年貢米
五円
色も稲っぽいね
そういえば五円玉にも稲のデザインぴょん
最高においしい日本の米!みんなもじゃんじゃん食べて〜
梅干しつき♡
米バンザーイ!
おかわりぴょん!
梅干しのタネ
うますぎ…

日本人の主食といえばお米です。

最近では「米離れ」って聞きますが、やっぱり日本人と米は切っても切れません。

天皇陛下が行う一番大切な宮中祭祀は「新嘗祭《にいなめさい》（11月23日）」です。

いまでは、「勤労感謝の日」という、わけのわからない名称になっていますが戦前までは新嘗祭でした。

新嘗祭とは、神様に五穀豊穣《ごこくほうじょう》を感謝し、その年にできた新米を神様に召し上がってもらい、天皇陛下自らも食する儀式です。「嘗める」という字は、神様に新米を味見（テイスティング）してもらうという意味です。

深夜と夕方の2回、ご自身で植えて育てた新米をお供えします。

晩秋の寒い季節ですが暖房もなく、重い平安装束をまとい各2時間正座するととても厳しい神事です。伊勢神宮をはじめ全国の神社でも祭事が行われます。

新天皇が行う最初の新嘗祭を「大嘗祭《だいじょうさい》」といいます。この大嘗祭をもって、新天皇が神々に認められて霊的にも「本物の天皇」になるといわれています。

伊勢の内宮の近くには「神宮神田」という田んぼがあり、五十鈴川の水で稲を育てています。

伊勢神宮でもっとも重要なお祭りが10月17日の「神嘗祭」で、神宮神田で収穫した新米をアマテラスに捧《ささ》げます。

米の話は元を辿れば神話までさかのぼります。アマテラスがニニギに稲穂を授けました。

天孫降臨のニニギの本名はめっちゃ長くて、「天邇岐志国邇岐志天津日高日子《アメニギシクニニギシアマツヒダカヒコ》番能邇邇芸命《ホノニニギノミコト》」です。最後の部分「番能邇邇芸《ホノニニギ》＝稲穂がにぎにぎと豊かに実る」という意味です。

古事記に出てくる日本の国名（地上界）は「瑞穂の国」でした。瑞穂とは「みずみずしい稲」です。

つまり、天孫降臨の結果「みずみずしい稲がにぎにぎと豊かに実る国」ができたのです。

稲が完熟する時期は、日本中でキラキラと黄金色の輝きが放たれます。

まさに黄金の国ジパング！

伊勢神宮の神嘗祭では、神宮神田の新米と皇居で天皇陛下が作られた新米、さらに各地の新米が集まります。

もちろん祭主は歴代天皇の娘（現在は黒田清子様）です。

そしてアマテラスに「今年のお米はこんな感じです！」と報告し、召し上がっていただきます。

きっとアマテラスはとっても喜んで、太陽の恵みで、また翌年の稲を育ててくれるんです。これが「お米の国・日本」の原点です！

ここまで日本は米と深い関係があり、穀物の神様であるお稲荷さんが全国に3万社以上あるのもうなずけますね。

江戸時代までは「年貢米」といって米がお金（財産）でした。

こんな国、他にありません。

この制度は画期的でした。米は蓄えることができません。

だっていっぱい集めたところで食べきれないので、集めてもみんなに配っちゃうしかないんです。大判小判のお金は蓄えて子孫に残せますが、米は残せません。すごい発想ですね。

ちなみに「石高」とは米の収穫量を表しています。100万石とは100万人を養える（食わせることができる）という意味です。

和食の基本って、左に米、右に汁物なんです。

日本では「左上位」といって、右より左の方が偉いのです。

なぜなら天皇は南に向かって座ります。

すると、左（東）から太陽が昇るからです。

右大臣よりも左大臣の方が偉いんです。

日本人ってやっぱり米を食べてパワーを発揮します。

昔、日本軍ってめちゃくちゃ強かったんです。

他の国が「日本人は一体何を食べているんだ？」と調べたところ、米と梅干しだけだったんです。

「これしか食べてないのにこんなにパワーがあるんかい！」ってびっくりされたんですよ。米パワー！

もともとは中国から伝わった稲作ですが、現在世界で最高においしい米を作るのは日本です。

ぼくは毎日米を食べます。理屈抜きで米が一番うまいもん。

しかも飽きないってすごくないですか？

どんな食べ物でも、毎日食べると飽きるのに米だけは飽きない。

米に目を付けた日本の先人はすごいですね。

みなさんもぜひ米を毎日モリモリ食べてくださ〜い。

そして、新嘗祭の日はぜひ神社へ行って五穀豊穣に感謝してください。

4

さて、日本の魔法を解くよ

なぜ、学校で古事記を教えないの？

神社って全国に8万社以上もあるんです。

めちゃくちゃ多いですよね。日本中どこへ行っても神社だらけです。

でもぼくたち現代人は、神社についてほとんど知りません。

神社とお寺の違いも知らないし、参拝の仕方や作法とか、由来も、「神様が誰なのか」も知らないで大人になります。


こんなに知らないのに、こんなにたくさんある。

なんじゃこりゃ？　本当に不思議ですよね～（笑）。


もちろん理由はいろいろあるんですけど、なかでも「古事記」を教えなくなったのが、ひとつ大きな要因だと思います。

古事記を知っていれば、神様がわかります。

「うちの地域も災いから守ってもらうのにこの神様を祀《まつ》ろう！」って流れで、日本中に神社が広まる。自然な流れですよね。


当たり前ですが、世界の国で自国の神話を教えない国はありません。

欧米は、聖書で神話を教え、キリストを知らない人はいません。

ギリシャ神話、エジプト神話、北欧神話など世界中神話ってどこにでもあります。

どこの国だって神話は学校でも教わるもんです。

それで、アイデンティティーを養って、愛国心を育みます。

「じゃあ、日本の神話は？」というと、もちろん「古事記」です。

戦前までは古事記は学校で教わっていて、アマテラスは誰でも知っている日本の神様でした。現在では、アマテラスを知っている国民は20％しかいないそうです……。

では、なんで戦後教えなくなったのか？

なんででしょうね～？　う～む……。

じゃあ逆に、古事記を学校で教えていたらどうなるかを考えてみましょう。

イザナギとイザナミが日本を作って、アマテラスがいて、スサノオがいて、ニ

ニギが天孫として降臨して、初代神武天皇が即位したのが紀元前660年。キリスト誕生よりも600年以上古くて、そこから数えて2600年以上、現在の天皇陛下は126代目です！

現存する世界最古の国家！　それが日本で〜す！

どうです？

日本ってスゲー国じゃん！　日本人でよかった！　誇らしいわ〜♪　ってなりませんか？　なりますよね。

でもそれが……N・G・な・ん・で・す・よ！

どういうことかっていうと、日本人は日本を愛したり、誇らしく思ったりしちゃダメなんです。そうなるように学校では教育します。思い出してくださ〜い。「歴史の授業で日本ってスゲー！」「誇らしい！」と思ったことありましたっけ？

むしろ、「日本は極東の小さな小さな島国で、中国や朝鮮から伝わった文明で発展し、オリジナルなものはなにもございません。太平洋戦争では、侵略戦争を起こしアジア諸国に迷惑かけました。反省しなさい！」……みたいな。

日本人ってヒドイ……涙ポロリ。

そんな雰囲気ありませんでした？

当然、いまもそう思っている方は多いはず。

もちろん客観性も大切です。でも、世界の国々で、自国の歴史を勉強して、気持ちを凹《へこ》ませるのは、日本だけ。普通ね、自国を肯定する歴史を教えるもんです。

海外の歴史教育では、「我が国にはこんなに素晴らしい歴史や文化があります」と教えたり、すごい発明をしたその国の偉人の話をしたり、戦争で国のために勇敢に戦った軍人さんをヒーローのように紹介したりね。

学べば学ぶほど自分の国を誇らしく思い、好きになるんです。

それが日本では正反対ですからね。

だから、みんな「歴史嫌い」「歴史オンチ」になっちゃうんです。

戦争の話とかも目を背けますよね。「どーせ日本が悪いんでしょ、はいはい。

それよりも、欧米欧米～♪」ってね。

実際にね、国が貧しかったり、戦争ばかりしたりしていて、生きていくのが大変な国ならわかります。そんな国いくらでもありますし……。

でも日本って、世界第3位の経済大国で、戦争をしているわけでもないし、飢え死にする人もほぼゼロです。

香り高く世界から注目される「和」の伝統・文化だってあるし、そもそも建国を説明するのに、神話までさかのぼらなきゃいけないくらい歴史のある国です。

ちょっと興奮しすぎて話がそれましたが、古事記を教えると、日本人が日本を誇りに思っちゃうからNGなんですね〜♪

じゃあ、なんで「誇り」をもっちゃいけないのか？

つぎの項目でお話ししますね。

なんで「誇り」をもっちゃいけないの？

じつは、戦後の日本人は「魔法」をかけられているのをご存じですか？

「ん？　魔法？　そんなのかかってねーよ」と思うかもしれませんが、結構バカにできません。この話をすると、歴史の闇の部分が見えてきます。

でもその辺ひっくるめて歴史なのでお付き合いくださいお気軽に～（笑）。

日本って、めちゃくちゃ戦争が強かったんです。

アメリカに負けるまで無敗でした。アメリカもかなり苦戦したので、日本とは二度と戦いたくないと思っていました。

戦後やってきたＧＨＱは、日本人の強さの秘密である「精神」や「誇り」を骨抜きにしたかったんです。

その名もＷＧＩＰ（ウォー・ギルト・インフォメーション・プログラム）です。

ざっくりいうと、「戦争犯罪」とか「自虐史観」の植え付けですね。

「日本は悪いことをした国！」ということを、東京裁判はじめ、テレビや新聞などのメディア、学校教育で徹底的に刷り込ませたんです。

それに合わせて「皇国史観」の排除。う〜ん、難しい言葉ですね。

簡単にいうと「天皇を中心とした日本の歴史のとらえ方」みたいな感じかな。

でも、ここが古事記を教えなくなったポイントでもあります。

天皇や神道のことを教えないようにするため、それに関係してくる神武天皇やアマテラス、伊勢神宮や神社なども教科書から消えてしまいました。

本当の歴史を知っちゃうと、誇りをもった日本人になってしまいます。

だって日本の誇りあるエピソードって山ほどあるから……。

ぼくたち日本人はまじめなので、まさか学校やメディアで教わる歴史が偏ったものだとは夢にも思いませんよね。正しい歴史だと思って信じちゃいます。

その結果、戦後の日本人には「魔法」がかかってしまいました。

「誇りを失う」という魔法です。

「古事記知らん！」「天皇ってなに？」「神社ってなに？」「日本＝悪い国」みたいなね。これね、21世紀のいまでも続いているんですよ。

魔法を解くカギはたったひとつです。「ちゃんとした日本を知ること」

最近では「神社ブーム」といわれ、神社へ行く人たちがすごく増えました。

神社から、古事記や歴史に興味をもち、少しずつですが日本人が日本を知りはじめました。神社こそ、魔法を解く一番のカギだとぼくは思っています。

ちょっとブレイクで「戦争の話」でもしましょうか（↑ってか重いわ！　笑）。

太平洋戦争（正しくは大東亜戦争）で、日本は「侵略戦争をした国」といわれています。でも本当にそうなんでしょうか？

たしかに、日本はアジア諸国で戦争をし

ました。

じゃあ誰と戦ったのでしょうか？　ここが一番重要なのですが、**日本が戦ったのは現地のアジア人ではなく、現地を植民地化していた欧米だったんです。**

ベトナム、カンボジアなどを植民地にしていたフランスと戦った。
インド、マレーシア、シンガポールなどを植民地にしていたイギリスと戦った。
インドネシアを植民地にしていたオランダと戦った。
フィリピンを植民地にしていたアメリカと戦った。

たしかに、欧米の国から見れば日本が侵略してきたことでしょう。
でも、現地のアジア人から見れば欧米を追っ払ってくれたヒーローでもありました。

現に、アジアの国々は「日本が戦ってくれてありがとう！」「日本のおかげで独立ができた！」と感謝しています。だから親日国が多いんです。

日本人はもっとアジアの人々の声に耳を傾けた方がいいと思います。

元はといえば、アジア諸国を侵略して、何百年も植民地にしていたのは欧米の国々です。それはOKで、その後日本が欧米を追っ払ったのはなんでNGなんでしょうか？

もちろん、日本がすべて正義とはいいません。

でも、欧米の国々よりは正義があったとぼくは思っています。

ひとつ簡単に説明すると、**オランダの植民地としてインドネシアは350年間奴隷のように扱われていました。**

簡単に350年といいましたけど、気が遠くなるような時間です。

だってね、先祖代々奴隷ってことだよ。お父さんも、おじいちゃんも、ひいおじいちゃんも生まれてから死ぬまでずっと奴隷ということです。

そこで日本はインドネシア人と一緒になってオランダと戦ったんです。

日本と組んだら百人力です。**350年間の支配がたった9日間の戦いで解放されました。**そこで日本は「もう二度と植民地になるなよ！」とインドネシア人に戦い方を教えたんです。

3年後日本が敗戦し、すかさずオランダがもう一度植民地にしようと攻めてきました。日本に戦い方を教わったインドネシアはとても強くなっていて、**しかも日本人約3000人が応戦しました。**

4年にわたる戦いで、インドネシアは勝利し独立国(1949年)になりました。このときの戦いを勝利に導き「建国の父」と呼ばれたのが、初代大統領スカルノです。大の親日家で、奥様があのデヴィ夫人ね!

こういう話は、日本人が誇りをもっちゃうので学校やメディアで教わることはありません。

歴史の事実はひとつですが、どの目線で歴史を見るかで黒にも白にもなります。

誇らしい話「2つの会議」

パリ講和会議
大正8年（1919年）
世界がびっくり
日本が世界で初めて人種差別撤廃を訴えました！
そ…そんなことしたら…
でもイギリスやアメリカの反対で実現しなかったけどな〜
大東亜会議
昭和18年（1943年）
解放と独立
欧米諸国に対抗してアジアの共存共栄を誓いました！
有色人種だけの世界初の国際会議！
チャンドラ・ボース（インド）
ホセ・ラウレル（フィリピン大統領）
ワンワイタヤーコーン（タイ首相代理）
東條英機首相
汪兆銘（中華民国行政院長）
張景恵（満州国国務総理大臣）
バー・モウ（ビルマ首相）
残念ながらこの2年後に日本が敗戦して志なかばで散ったけどな〜
「大東亜共栄圏」ともいうぴょん

さてここからさらに加速して魔法を解いていきましょう～☆

【大正8年（1919年）パリ講和会議】

フランスで行われた「パリ講和会議」です。

第一次世界大戦が終わって、世界から戦争がなくなりました。

主要5大国（英・仏・伊・日・米）とその他20数か国が集まり「平和」について議論しました。このときできたのが、現在の国際連合の前身「国際連盟」ね。

その中で日本がびっくりするような法案を提示したんです。

もし仮にこの法案が通れば、世界の常識がひっくり返るほどの大胆な提案です。

その案とは、「人種差別撤廃案」でーす！

え……？　普通じゃね？　当たり前じゃんって現代人は思うかもしれません。

でも、当時はそれが当たり前ではない時代でした。

まだ、たった100年前ですけどね。

国際会議の場において世界で初めて「人種差別撤廃」を訴えたのは日本です！

これは衝撃でしたよ！　だって世界は欧米人による植民地時代です。

アジアもアフリカも南米も、ほとんどが欧米人の国だったんです。

でね、もしこの法案が可決されるとどうなるのか？

「植民地がなくなる」→「奴隷がいなくなる」→「世界中の国々が一気に独立する！」ちゅーことです！


ものすごい策じゃないですか？

たったひとつの法案で世界をひっくり返すパワーがあります！

これを訴えたのは牧野伸顕です。

お父さんが大久保利通で、ひ孫に麻生太郎さんね。

この案に世界中の首脳が動揺しました。

だってね、イギリスは世界の4分の1を植民地にしていたので、到底飲める話ではありません。

でも、日本に賛同した国々もたくさんありました。

採決の結果、賛成11票、反対5票でした。

牧野が「勝った！」と思ったつぎの瞬間、議長のアメリカ・ウィルソン大統領が「全会一致じゃないから不成立！」と言いました。

え～！　なんで？　いままで多数決で決めてきたのに、なんでこれだけ全会一致じゃないとダメなの？　牧野は猛抗議しました。

すると、「このような重大な案件は全会一致でないとダメだ」と言われちゃうんです。聞いてねーよ！　後出しジャンケンじゃん！

まあアメリカにも当時は黒人の奴隷がたくさんいたしね……（のちにウィルソンは国際連盟を発足させたとノーベル平和賞もらってまーす　笑）。

結局、否決されたまま会議は終了。

このニュースに、アメリカの黒人は各地で暴動を起こしました。「ふざけるな～！」ってね。そうなるわな。

時は流れ１９６５年。

国連総会で「人種差別撤廃条約」が採択され、世界からつぎつぎと植民地は消えていきました。国際社会における日本の姿勢が、当時どれだけ進んでいたのかを物語る話ですね。

【昭和18年（1943年）大東亜会議】

欧米によって植民地化されていたアジア諸国を独立させるために、日本は戦いました。「戦わなければ、日本もアジア諸国と同じように植民地にされるかも……だったら戦おう！」と、1941年の真珠湾攻撃によって太平洋戦争は開かれました。

日本の掲げた理念は「アジアの解放・独立」です。

アジアの人たちと手を組んで欧米人と戦ったんです。

そして2年後に独立を達成した国々を集めて、東京で大東亜会議が開かれました。**参加国はホスト国の日本、そしてビルマ、中華民国、満州国、タイ、フィリピン、インド（インドはまだ独立していない）です。**

アジア諸国で力を合わせて共存共栄を誓いました。

この会議は、白人じゃない「有色人種だけで行われた世界初の国際会議」でした！　東條英機は戦後いろいろ言われていますが、この功績はすごい。

まあ欧米人から見たら、有色人種がなに勝手に会議やってんだって感じですがね。

会議でインドのチャンドラ・ボース（後にインド独立の父といわれる英雄）は、「いつになったら日本軍が助けに来るのか？」と、命がけでこの会議に参加しました。
当時のインドは約90年来のイギリスの植民地でした。
日本とインドはがっちり手を組んでイギリスと戦いました。
よく「悲劇のインパール作戦」っていわれるけど、あの戦いがあったからこそ対英独立戦争の端緒となり、後のインド独立につながるわけです。

戦争の話はこれくらいにしておきますが、パリ講和会議で人種差別撤廃を訴え、大東亜会議でアジアの共存共栄を誓った日本。

この2つの会議を見るかぎり「侵略戦争をした悪い国」という話とは大きなギャップを感じます（むしろ逆じゃね？）。


戦争を簡単に善悪で分けることはできません。

日本が100％正義とはいいませんし、100％悪もありえません。それは欧米諸国も同じです。

ただひとつだけ確かなことは、日本が戦ったことでその後たくさんの国が独立を達成したということです。

世界最古の石器と四大文明

「世界四大文明」って学校で習いましたよね。

世界の文明は、エジプト文明、メソポタミア文明、インダス文明、黄河（中国）文明の4つから派生しました～！　……みたいな。

覚えるのがめんどくさかったと思いますが……ここで衝撃的な話をしますよ！

この四大文明を教えている国って、日本と中国だけなんです！　どへ～！

世界の他の国で四大文明の話をしても「ん？　なにそれ？」となります。

ぼくたちが教わっている四大文明って、世界では通用しない非常識な話なんです。

びっくりしませんか？　ぼくは学校でそう習ったので、そうとばっかり思っていたのですが、そうじゃないんですって。

四大文明って、そもそも言い出しっぺは中国の梁啓超（政治家）という人で1900年に唱えたただの政治論なんです。

世界の学説では完全に否定されたんですが、なぜか日本では真に受けていまだにそれを教えています。

どうして梁啓超が四大文明を提唱したかというと、「自国（中国）は古代から優れていた！」と言いたかっただけなんです。

たしかに、昔の中国は他の国より発展していた時代はあります。

でも、考えてみれば北米のネイティブ・インディアンの文化、南米のインカ文明やアンデス文明だって古いですよ。日本だって負けてはいません。

日本で「中国5000年の伝統・歴史」という表現がありますが、一体何を指して5000年といっているのかぼくにはさっぱりわかりません。

「中国5000年の伝統・歴史」といっているのも、世界四大文明と同じで日本と中国だけです。

ぼくに言わせれば、現在の中華人民共和国は1949年にできた国なので「中国70年の伝統・歴史」です。

ここでは神話ではなく、「考古学の観点」から見てみたいと思います。

5000年前、たしかに黄河流域でも遺跡がいくつかあり石器や土器が出土しています。このことを指して黄河文明といっているのでしょうか？

もしそうだとしたら、**日本には3万年前の磨製石器（群馬・岩宿遺跡）と、1万6500年前の土器（青森・大平山元《おおだいやまもといち》Ⅰ遺跡）があります。**

ケタ違いに日本の方が古いんですよ。

しかも、日本の磨製石器も土器も現在「世界最古」です！

つまりこれってね、**日本が世界最古の文明**ともいえちゃうんですよ。名前をつけるなら「縄文文明」または「日本文明」でしょう。

なんでこの世界最古の話を学校で教えないで、世界的に否定された四大文明を教えているのか意味がわかりません。

四大文明を教わると、「日本って遅れた文明だったんだ……」ってちょっと凹んじゃいますよね？

ここにも、「誇りを失う」魔法がかけられていたんです。

でも逆に**「世界最古の磨製石器や土器は日本から出土していま～す！」**って教**えたら、子供たちはどれだけわくわくすることでしょう。**

みなさんご存じですよね？

あの縄文土器のユニークさ。うねうねした曲線や神秘的な形。

あんな芸術性の高い土器は当時他にありません。

当時の日本人が、あのうねうねを必死で作っている姿を想像すると愛《いと》おしくなっちゃいます。

芸術家・岡本太郎も「なんだこれは！」と魅了され、共鳴していました。

1万年前の土器にですよ。


せっかくなので、日本のいろいろな世界最古を見てみましょう。

◎世界最古の釣り針……2万3000年前。貝殻性の釣り針（沖縄・サキタリ洞遺跡）

◎世界最古の陶器（焼き物）……1万2000年前（長崎・福井洞窟）
◎世界最古の漆器……9000年前。漆の装飾品（北海道・垣ノ島遺跡）（※1万2600年前に漆の栽培も）
◎世界最古の木造建築……7世紀。法隆寺と五重塔（奈良）
◎世界最古の企業……金剛組（大阪）578年創業。建設会社。四天王寺の建立など

こういった、科学的に世界最古が証明されて誇りをもてるエピソードなら、子供たちにどんどん教えていってほしいですよね。


面白い話があります。

日本で、世界最古（1万6500年前）の土器が青森の大平山元Ⅰ遺跡で発掘されたのが1998年です。その後中国がもっと古い1万8000年前の土器を発見した！　というニュースがあったんです。

世界中がびっくりして調査したいと申し込んだところ、中国はなんて言ったと

思います？　びっくりしますよ！

「盗まれた。だからもうない」です。へ……？

ぼくたちが知っている歴史観は、思っている以上に歪んでいたりします。隠されたり、ねつ造されたり、政治的な理由もあるでしょう。そんなもの歴史でもなんでもありません。こういうことをするから歴史が白にもなるし黒にもなるんです。日本の侵略戦争の話もそうですよ。

歴史は、大きな視点と小さな視点の両方で見なきゃわかんない。葉と木と森を見て全体がわかります。

海洋国家・日本ってデカい！

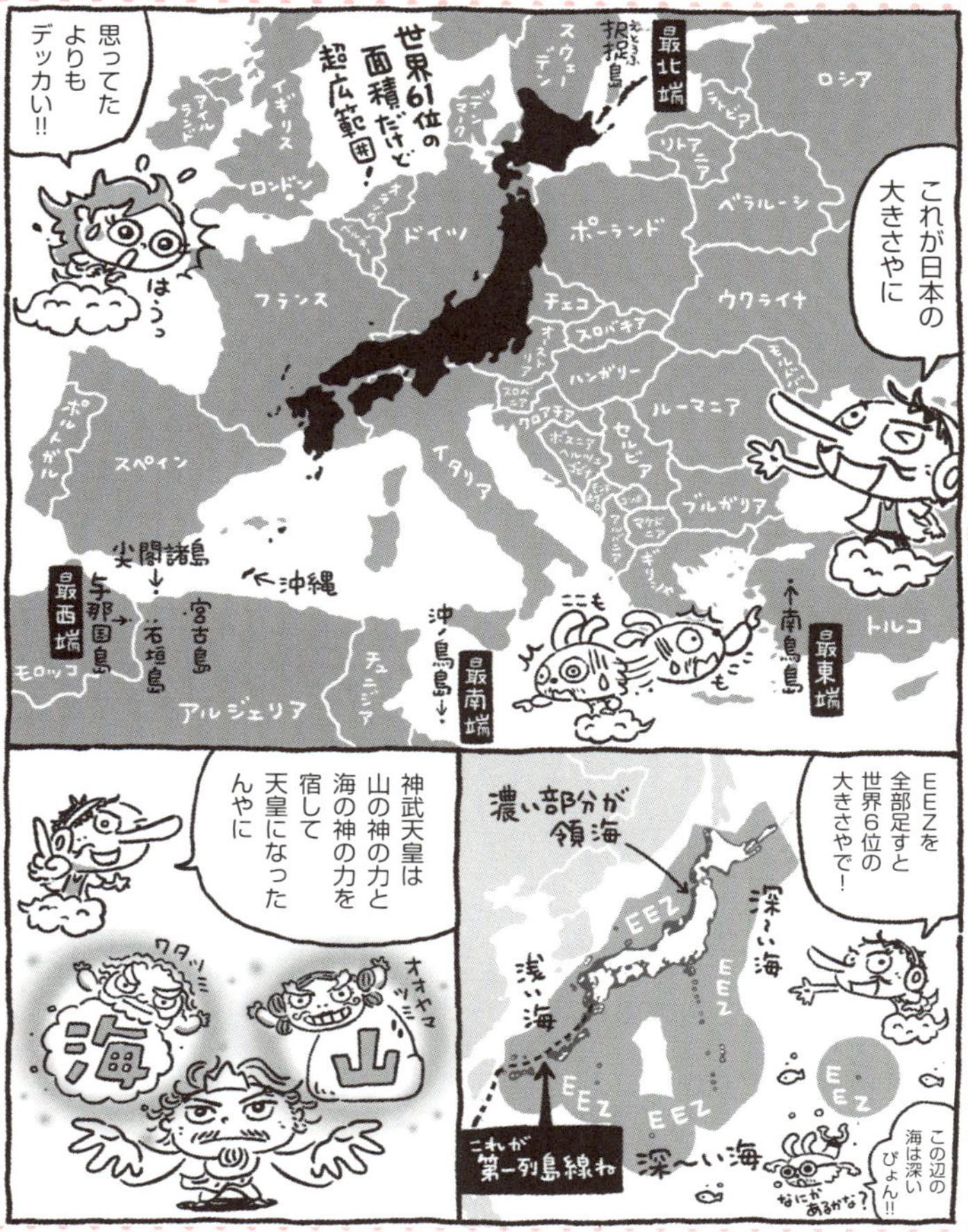

「日本は小さな小さな島国」みたいなこと、あちこちで聞きませんでしたか？

司馬遼太郎も『坂の上の雲』で「まことに小さな国が、開化期をむかえようとしている」とかね！

でもね、本当にそうでしょうか？

たしかに隣にユーラシア大陸がドーンとあるから小さく見えちゃいます。

中国とかロシアとかオーストラリアとかデカいですよ。

でもね、**ヨーロッパの地図に日本列島を重ねるとびっくりします。**衝撃的！

ヨーロッパって、端から端まで車で数時間あれば行けちゃう国がいっぱいあります。

でも日本ってね、たとえば鹿児島の最南端から北海道の最北端まで車で1日かかっても行けませんよ。

めっちゃ長い！　高速道路を使ってもざっと35時間はかかるでしょう。

もし沖縄まで陸続きだったら40時間以上かな？

国土の面積でいうと、日本は世界61位の大きさです。

国連加盟国が193か国なのでまぁそこそこの大きさです。

ちなみに62位はドイツです。日本最大の島である本州は、イギリスのグレートブリテン島（ロンドンのある島ね）よりデカいんです。

日本は北海道を頭と見立てるとまるで龍の形です。カッコうぃ〜☆ こんな印象的で独特の形は世界であまりないんじゃ？


日本は、ご存じの通りぐる〜っと海に囲まれた「海洋国家」です。

ということは、**「領海」といって、海の土地も日本は多い**ということです。

海岸線から200海里（EEZ・排他的経済水域）が、日本の取り分です。

なななんと、**全部合わせると世界6位の大きさです！**

日本の島の数（海岸線が100メートル以上ある島）は、全部で6852です。

有人の島が約420、無人島が6400以上です。

この海岸線の長さを全部足すと、アメリカの海岸線の2倍の長さになります。

世界には海をもたない国や、海と接していても少しだけという国がたくさんです。たとえば中国はあんなに大きい土地ですが、海は少ししかありません。

しかも浅い海なので、大きな船とか潜水艦が使えないし、濁りやすいんです。

でも日本の近海は深いですよ〜！　第一列島線を境にドカーンと深くなります。

体積に換算すると、さらに2ランクアップして世界4位の大きさです。

深い海には、未知の資源もあるといわれていますので、これからの海洋調査も楽しみですね。

沖縄の「尖閣諸島」周辺ってね、石油が大量に眠っているのが１９７０年ごろ発見されたんです。

これがものすごくて、イラクに匹敵するほどの埋蔵量ともいわれています。

もし採取すれば、日本は世界第２位の石油大国になります！

でも、この石油発見後に中国が「尖閣諸島は中国領土だ！」と言いはじめたんです。

日本は魚の量・種類もすごいですよ。

これ間違いなく世界一です！　しかもブッチギリ！

こんなに豊富においしい魚が獲れるのは、地球上で日本近海だけ！　と思ってください。**まさに、お魚天国♡**

一般的な感覚ですと「海＝魚が獲れる」ですが、そんなことありません。

獲れても種類が少なかったり、獲れなかったりする海もあるんです。

お寿司屋《すしや》さんに行ってネタがズラッと並ぶって、他の国じゃ考えられません。

日本のＥＥＺは奇跡の漁場なんです。

「古事記と海」で少し話をしますと……。

天孫降臨のニニギは、山の神の娘コノハナサクヤヒメと結婚しました。

その子供のホオリは海の神の娘トヨタマヒメと結婚しました。

その子供のウガヤフキアエズも海の神の娘タマヨリヒメと結婚しました。

そこで生まれたのが初代神武天皇です。

つまり、神武天皇はアマテラスの血を引き、そこに山の神の霊力と海の神の霊力が合わさって、日本を統治する天皇として完璧な存在となったのです。

山の血ももちろん大切ですが、海の血を2回入れたことは日本にとって海がどれだけ大切なものかを物語っています。

日本ってけっして小さな島国ではありません。

人口だって1億2600万人で世界10位です。GDPは世界3位です。

日本の円は、アメリカのドル、ヨーロッパのユーロに次ぐ世界三大通貨のひとつです。

日本の円の信用は計りしれません。世界に対してとっても影響力があるんです。

だからといって、いばってはいけません。

世界中が平和で幸せになれるよう協力し、**世界の国々から「日本があってよかった！」と思ってもらえる、そんな国を目指したいですね。**

明治天皇のお人柄

1852.11.3	嘉永5		誕生（睦仁）
1868	明治元年	14歳	皇位につく（122代天皇）
			王政復古の大号令
			五箇条の御誓文
			東京奠都（てんと）
1889	明治22	37歳	大日本帝国憲法　公布
1890	明治23	38歳	教育勅語
1894	明治27	42歳	日清戦争（広島大本営）
1904	明治37	51歳	日露戦争
1912.7.30	明治45	59歳	崩御
1920	大正9		明治神宮　創建

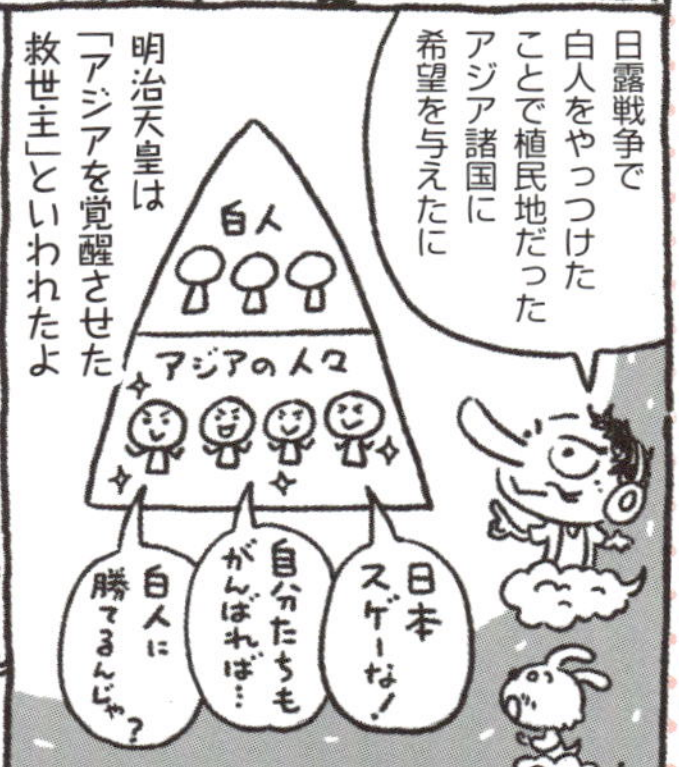

いまじゃ初詣の参拝者数では日本一の明治神宮。

その数300万人です！　でも明治神宮は行くけど、祀られている明治天皇のことを知っている人はほとんどいません。

どんな方だったのでしょうか？　そんなお話をしましょう。

明治天皇のお父さんの孝明天皇が35歳という若さで崩御されて、**わずか14歳で天皇になったのが明治天皇です。**いまでいう中2！　どへぇ〜。
世は幕末から明治の動乱期です。
ペリーがやってきて「やれ開国しろ！」、国内では「やれ攘夷《じょうい》だ〜！」みたいな超一大事です。日本のレベルでは白人にはまったく太刀打ちできませんでした。

しかーし！　明治は45年まで続くのですがその間、日清・日露戦争で大国を「ギャフン！」と言わせるまで強くなりました。

その結果、世界の5大国の一国までの強さに成長します。

いまふうにいうとG5だね。とんでもないことですよ！

なにせ世は白人の時代。有色人種の日本がたった数十年で大国入りしたんです。世界の国々をゴボウ抜きです。


なぜ日本はそんなに強くなったのか？

その秘密が明治天皇なんです！

アジアで初めての自主憲法を作り、立憲君主国として近代化を進めました。

明治天皇が見守る中「憲法」が作られ、明治天皇が見守る中「帝国議会」は開かれます。

普通、国のトップだったら気になったこととか、「こうした方がいいんじゃ？」と口をはさみたくもなりますが、明治天皇はなにも言わずただ見守りつづけるのです。

みんなも明治天皇が見ている中なので、真剣に議論します。

ここが明治時代の発展の真髄なのです。

明治天皇のすごさとは、なにか偉業を残したというすごさではなく「なにもしないすごさ」です。なにもしないけど、なにかあれば自分が責任を取る覚悟です。

立憲君主とは、どんな存在なのかをとことん追求したともいえます。そして、自分は楽しむために生まれてきた人間ではない、というお気持ちが強かったそうです。

明治天皇は、歴代天皇以上に質素倹約に努めていました。家族に対しても贅沢《ぜいたく》や甘えを許しません。

新政府が建てた各地の御用邸も一度も使うことはありませんでした。ヨーロッパや中国などの王様みたいに宝石ジャラジャラとか、金銀財宝に囲まれた住まいとか、豪華な食事・生活などとはまったく違います。

戦争時は、最前線で戦っている兵を思い「同じ食事をする」と米と梅干しだけの食事をしました。

日清戦争のとき、大本営が広島に移ると、明治天皇の部屋はとても殺風景でした。絵も掛けないしソファーも置かない、夏の蚊帳《かや》も冬のストーブも使いませんでした。軍服の修繕・新調もさせません。

また、戦争に勝っても喜ぶことはありませんでした。

戦争自体が明治天皇にとって心苦しいことで、日本も相手国も死傷者がいると思うと喜べません。**明治天皇も昭和天皇も大変「戦争嫌い」でした。**

明治天皇が崩御されたとき、世界中のニュースになりました。なんてったってアジアの小国だった日本を大国にまで導いた方。とりわけ植民地になっていたアジア諸国は「アジアを覚醒させた救世主」と讃《たた》えたんですよ。「自分たちの国もがんばれば日本のようになれる！」と希望の星だったのです。のちに「明治維新（Meiji Restoration）」と呼ばれ、いまでも世界の語り草となっています。

また、明治天皇は和歌がお好きで、生涯で約9万首以上の歌を残されました。国民を想《おも》い、国を想い、世界平和を願う歌がたくさんあります。**明治神宮のおみくじには「大吉」や「凶」などではなく、明治天皇または昭憲皇太后の和歌が書かれています。**行かれた方はぜひどーぞ！　11月3日の「文化の日」とは、戦前まで「明治節」といい、明治天皇のお誕生日ですよ。

あと、たまに話題になる「教育勅語」。

内容のここがよいとか悪いとかいろいろいわれますが、**教育勅語を作った明治天皇のお人柄については誰も話をしませんね。**

人に厳しく、自分にはもっと厳しくて、でも人を笑わせるのも好きでユーモアももっていたそうです。そして数ある和歌を詠み、お人柄を知れば、教育勅語もまた違って見えてくるんじゃないでしょうか。

よもの海　みな同胞《はらから》と　思ふ世に　など波風の　たちさわぐらむ
（四方の海にある国々は　みな兄弟姉妹と思う世に　なぜ波風が立ち騒ぐのだろう）

日清戦争のさなかに詠まれた御製です。

後に、日米開戦時にも昭和天皇が読み上げました。

昭和天皇のヨーロッパ訪問

※写真：読売新聞／アフロ

昭和天皇の逸話はたくさんあるんですけど、なかでも昭和天皇ご自身が後年人生を振り返って「最高の思い出だった」というエピソードを紹介します。そのときは大正10年。まだ昭和天皇が皇太子（19歳）で、東宮殿下と呼ばれていたころの話です。

当時世界一の超大国といえばイギリスです。

カナダ、インド、ビルマ、オーストラリア、アフリカ各国を植民地として、世界の4分の1がイギリス領土でした。その名残りで、現在でもカナダやオーストラリアの元首はエリザベス女王なんですよ。

そんな世界最強のイギリスと日本は同盟国でした。

日英同盟（１９０２〜１９２３年）ね。

同盟国ですよ！　**イギリスの植民地は世界にたくさんありますが、同盟国はなかなかありません。**

イギリスと日本って当時からよく似ているんです。島国だし立憲君主制の民主主義国家だしね。この同盟は対ロシアに備えたものですが、**世界がびっくりする**

ほどの対等なものでした。

そんなご縁で皇太子殿下がイギリスを訪問することになりました。

当初はイギリスとフランスの2か国の予定でしたが、「うちの国も来てくれ！」「うちにも～！」と、各国からのアツい要請があってベルギー、オランダ、イタリアも訪問先に加わります。

出発の日、イギリスの「タイムズ」紙（1921年3月3日）は、「世界最古の皇室　皇太子　裕仁内親王殿下　我が国（イギリス）に向かってご出発」と報じています。

イギリス国内はすでにお祝いムードです。

ちゃんと日本を「世界最古の皇室（国）」といっています。

皇居から東京駅へ馬車で行き、横浜まで汽車で移動し、そこからは船です。世紀の大イベントに、東京駅も横浜港も皇太子殿下を一目見ようという見物人であふれかえっていました。

横浜港で船に乗りますが、観光船ではありませんよ。

戦艦です！　御召艦・香取と供奉艦・鹿島！

同行した兵や従事は６００人以上です。


なんてったって当時の日本は世界5大国の一国です。

そこの皇太子ともなればイギリス訪問も世界が大注目です。

沖縄、台湾、香港、ベトナム、シンガポール、インド、エジプト、マルタ島、どこへ行っても歓迎のお祭り騒ぎです。

皇太子殿下は船で何日も過ごすのですが、ほとんどの時間をヨーロッパの歴史や語学（英語・フランス語）の勉強にあて、スピーチの練習をされていたそうです。


出発して約2か月後、イギリスのポーツマス港に到着します。

イギリス側が作った巨大な旭日旗《きょくじつき》がはためき、官民一体の大歓声で迎えられます。

イギリス皇太子（26歳。後のエドワード8世）のお出迎えがあり、歴史的な握手を交わします！

ロンドンに到着し、バッキンガム宮殿にてイギリス王ジョージ5世とご対面。

↑世界最強の人ね（※ちなみに現在のエリザベス女王の祖父です）。

余談だけど、イギリス皇太子（エドワード8世）ってちょっと変わった方でした。当時タブーだったバツイチの女性との結婚を引き換えに王位を捨てたんです。

そして、弟のジョージ6世が王位を継ぎますが、吃音症《きつおんしょう》（どもりなど）でうまく話ができない障害がありました。

その克服までのお話を描いた映画が、『英国王のスピーチ』（２０１１年公開）です。

世界最強のジョージ5世と日本の皇太子殿下が、ズラーーッと並ぶイギリス軍隊の前を2人で歩きます。

本当に奇跡の瞬間です！　日本人にとってこんな誇らしいことありませーん！

皇太子殿下の人柄やスピーチの聡明さに感動され、ジョージ5世は皇太子殿下を大変気に入られたそうです。

休息している皇太子殿下の部屋へいきなりやってきて、長時間談笑されたとか。ジョージ5世は55歳、皇太子殿下は20歳です。こんなに年が離れているのにこの関係ってすごくないですか。

晩餐会《ばんさんかい》や歓迎行事、学校訪問など、どこへ行っても歓迎されました。その後立ちよるフランス、ベルギー、オランダ、イタリアでも厚くもてなされたそうです。

帰国時、浜辺では大勢の国民が出迎え、歓声を上げ、花火が上がったそうです。ぼくはこの昭和天皇のイギリス訪問の話を初めて聞いたとき、とってもうれしく胸がアツくなりました。

紀元2700年祭で会いましょう

初代神武天皇が即位した年を「元年」とした年の数え方を、**「紀元」または「皇紀」といいます。**

令和元年（平成31年、２０１９年）は、紀元２６７９年です。

いまから79年前は、紀元２６００年（昭和15年、１９４０年）という節目の年だったので日本中がフィーバー状態でした。お店や会社でも「10周年記念！」とか「創業１００年！」とかって盛り上がりますよね。

紀元２６００年の紀元節（2月11日　建国記念の日）には、全国11万の神社で大祭が行われました。

一年を通して各地でさまざまな式典があり、神武天皇即位の地である橿原神宮《かしはらじんぐう》（奈良）には昭和天皇もご親拝されました。

この一年間に橿原神宮へ参拝した日本人はなんと１０００万人以上です！　当時の日本の人口は７３００万人なのですさまじい数ですよね。

伊勢神宮も８００万人の参拝者があり、橿原と伊勢を結ぶ列車（いまの近鉄や大阪鉄道）はバンバン臨時列車を出したそうです。

2600年記念に合わせて映画や歌も作られました。

「紀元二千六百年」という歌が大ヒットしました。ネットで検索すれば動画も見られますのでよかったらどうぞ。

さらにこの年創建したのが、38代天智天皇を祀る近江《おうみ》神宮（滋賀）です。

近年、競技かるたを題材にした漫画『ちはやふる』の舞台として有名だね。長い石段と朱色の楼門はめまいがするほど美しい。


神社や公園や町中などで「皇紀二千六百年記念」と彫られた石碑を見たことありませんか？　当時日本中で建てられ、いまでもかなりの数残っています。

おそらく気に留めていないと気づかないと思いますので、ぜひ探してみてください。


あと、ゼロ戦（零式艦上戦闘機）ができたのもこの年です。

世界最強といわれたゼロ戦の「ゼロ」は、紀元2600年の下の数字（ゼロゼロ）をとってゼロ戦と呼ばれました。

戦闘機や銃、刀などは紀元の下二桁をとって「○○式」といいます。

たとえばこの年の1年前にできた短小銃は紀元2599年なので「九九式短小銃」だし、もう1年前にできた刀を「九八式軍刀」といいます。

つまり当時は、**「紀元」という年の数え方が一般的で誰でも知っているものでした。**

現在のぼくたちは「紀元」と言われてもピンとこないかもしれませんが、せっかく独自の年の数え方があるんだから、ぜひもっと使ってほしいですよね。

もちろん元号もね。ぼくもたまにサインをお願いされるんですが「皇紀26○○年」と日付を書きます。

余談だけど、当時の日本社会を見てみよう。

なんとなく戦前って「暗黒時代」みたいな暗いイメージがあるけど、まったくそんなことないからね！

映画、音楽、相撲、歌舞伎など娯楽はフツーにあります。甲子園だってあるよ。高校球児が甲子園目指して汗を流しているっていまと同じだよね。ちゃんと青春がありました（笑）。

印象的な歌もヒットします。

「もしも月給が上がったら」（昭和12年）です。

サラリーマンで月給がもし上がったら、これが欲しいあれが欲しいという歌詞です。メロディーも軽やかでなんとも呑気《のんき》で楽しい歌です。

もちろんその後に起こる戦争は悲惨なものだし、二度と起きてほしくはありませんが、全部が全部暗黒だったとして片づけるのもどうかなと思います。

さて、２６００年のつぎの節目といったら２７００年です。令和22年、西暦だと２０４０年です。約20年後ですが、ぜひ盛大にお祝いしてほしいですね（ぼくも60歳を超えているのか……笑）。

もちろん国家主催の式典もそうだし、民間でもいろいろやってほしいです。

そのために、みんなが紀元２７００年を意識してくれればいいなと思います。

アメリカも建国300年（2076年）には、いつもの年以上にお祝いするでしょう。その9倍の長さがある日本は「これでもか！」というほどのお祝いをしてほしいものです。

ぼくは行きますよ！

紀元2700年2月11日（建国記念の日）に橿原神宮へ！

よかったらみなさんもスケジュールを空けておいてくださ～い。

お待ちしていますよ！

合言葉は「橿原で会おう！」

エピローグ

<エピローグ> 日はまた昇るよ

そのときこそ
本当の
「祈りの循環」が起きて
日本は新たに息を
吹き返すんじゃないかな…
伊勢神宮
そんな日を想《おも》うと
楽しみだけど
でもそんな日は
本当にやってく…
ボワン
ウゲ!?
なんじゃ
こりゃ〜〜!!!

スポン・・
うおっ
ドテッ
なんだよ この演出は…
著者だぞ…
ウズメちゃん?
いや… 天《あめの》宇《う》受賣《ずめの》命《みこと》!!!
こっち こっち
久しぶり〜 待ってたよ〜
ハーイ♡
こ…これは!!
ハッ

な…
なんじゃこりゃ――
そろそろ
夜が明けるよ
夜が明ける？
神社？
もしかして
いまの日本は
夜明け前の
状態なのかも
しれない
古事記のように
再び天岩戸が
開かれる
そうだ
日本には

天照大神《アマテラス》がいるんだ
大丈夫だよ
日はまた昇るよ♡

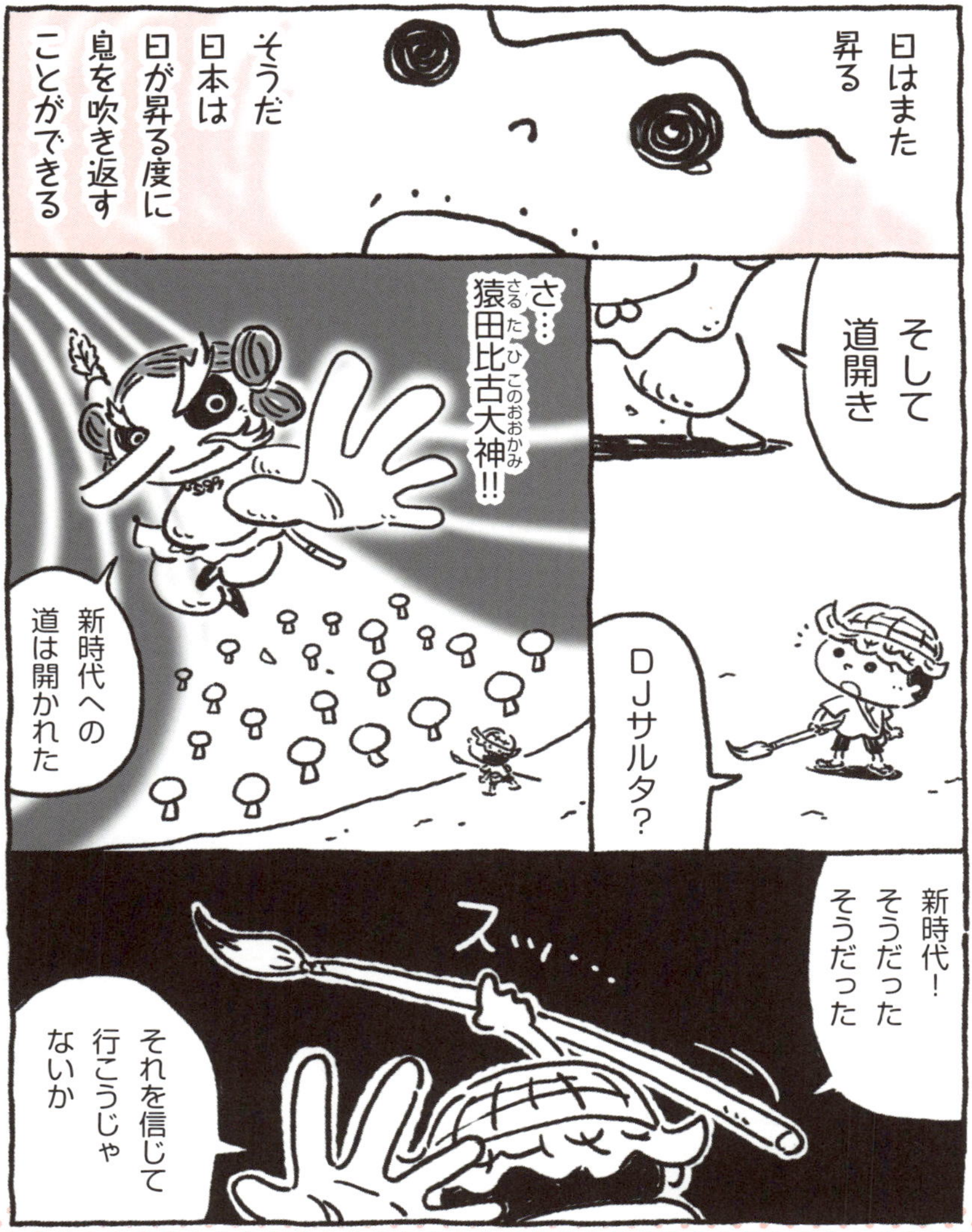
日はまた
昇る
そうだ
日本は
日が昇る度に
息を吹き返す
ことができる
そして
道開き
DJサルタ?
さ…
猿田比古大神《さるたひこのおおかみ》!!
新時代への
道は開かれた
新時代!
そうだった
そうだった
スッ…
それを信じて
行こうじゃ
ないか

これからの日本が
楽しみだわ
令和
はい
どうも～

DJサルタの道開ッキーの時間だぜい♪
ヨロピコ
リンリンリーン
どうも～アシスタントのウズメちゃんでーす
道《みち》開《ひら》ッキー
朝ごはんは卵かけごはんだったよ♡
今日もズバババ――っと日本について切りこんでいくに!
今日のテーマは!
あなたの好きな神社教えてください
やった～神社好き
これは難しいな～たくさんありすぎて迷っちゃうよね
47都道府県ひとつずつ挙げるとしたら…
!?
47!
まず北海道は○○○青森は△△△秋田は□□□岩手は☆☆☆
くどくど…
うるさい!私にもしゃべらせろ!!
おしまい

あとがき

日本って、自己啓発大国なんです。本とかセミナーとか山ほどあるよね。

多くの日本人がさまよって「心の軸」を探しています。

戦後の日本人は誇りを失い、自分を無価値と考える子供がめっっっっちゃ増えました！　自己否定したり自殺願望があったり……。

もちろん大人もね。自分や国を愛せなくなっている現代の日本の社会や教育は、本当におかしいと思います。


ぼくはこう思います。

日本人にとって、一番大切な心の軸は、「日本のために」です。

日本のために勉強する。日本のために働く。日本のためにスポーツをがんばる。

日本のために子育てをする。

なんでもいいですよ。いまあなたがやっていること、やりたいことの最初に「日本のために」をくっつけてみてください。

「日本の未来を支えているんだ！」という気持ちが大切だと思います。

もちろん、アメリカに生まれたら「アメリカのために生きる！」だし、インドに生まれたら「インドのために生きる」んです。

生まれた国が嫌なら好きな国へ行って、その国のために生きればいい。それだけだわ。


この本を企画・編集してくださったサンマーク出版の金子尚美編集長も「日本のためにこの本を作りたい」という気持ちがあったはずです。知らんけど（笑）。

ぼくは日本のためにこの本を書きました。

日本人として生まれたことが、少しでも誇りに思えてもらえたらうれしいな。

令和元年五月吉日　ふわこういちろう

参考文献

『読む年表　日本の歴史』（渡部昇一著／ワック）
『カラー版　イチから知りたい！神道の本』（三橋健著／西東社）
『現代語古事記』（竹田恒泰著／学研パブリッシング）
『日本人の原点がわかる「国体」の授業』（竹田恒泰著／ＰＨＰ研究所）
『日本一やさしい天皇の講座』（倉山満著／扶桑社）
『明治天皇を語る』（ドナルド・キーン著／新潮社）
『日本人を狂わせた洗脳工作』（関野通夫著／自由社）
『世界の国歌』（国歌研究会編／ワニマガジン社）
『深読み古事記』（戸谷学著／かざひの文庫）
『三種の神器』（戸谷学著／河出書房新社）

〈著者紹介〉

ふわこういちろう

1977年、愛知県・名古屋市出身。日本大好きイラストレーター。地元の芸大卒業後、上京し就職。28歳のとき、フリーのイラストレーターに転身。雑誌・書籍・テレビなどで幅広く活動中。携わった本は100冊以上。
最近では、サンケイリビング新聞社主催リビングカルチャー倶楽部「おもしろ古事記講座」などの講座やセミナーで、「古事記」と古事記から読み解く「本当の日本」をわかりやすくおもしろく広める活動を行っている。著書の『愛と涙と勇気の神様ものがたり まんが古事記』（講談社）はベストセラーになっている。

公式ホームページ　https://www.fishkiss.jp/

古事記で謎解き
ほんとにスゴイ！ 日本

2019年6月1日　初版印刷
2019年6月5日　初版発行

著　　者　ふわこういちろう
発 行 人　植木宣隆
発 行 所　株式会社 サンマーク出版
東京都新宿区高田馬場 2-16-11
（電）03-5272-3166
印　　刷　中央精版印刷株式会社
製　　本　村上製本所

ISBN978-4-7631-3759-3　C0036
ホームページ　https://www.sunmark.co.jp

サンマーク出版のベストセラー

古神道の秘伝×最先端技術
音を流すだけで「お清め」できるCDブックシリーズ

大野靖志【著】

あなたの人生に奇跡をもたらす　和の成功法則

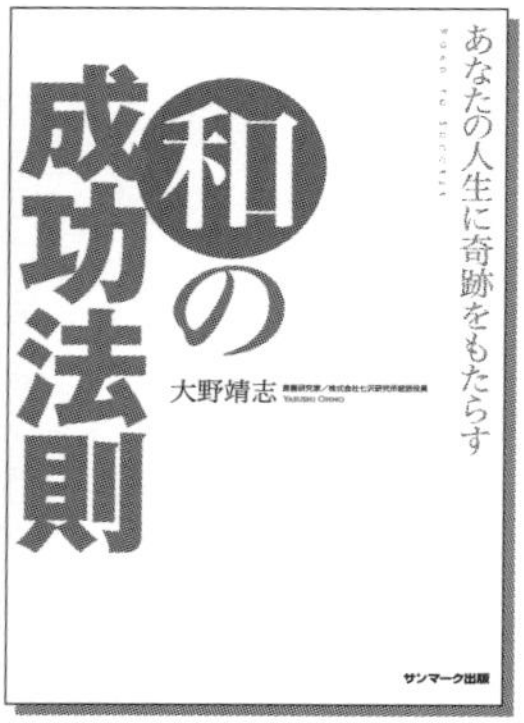

日本に、古くから秘伝中の秘伝として伝承されてきた願望達成メソッド。これをもとに開発されたものが、本書で公開する「和の成功法則」です。

四六判並製　定価＝本体1,500円＋税

願いをかなえるお清めCDブック

私たち日本人は「祓い清め」によって守られ、願いをかなえてきました。古神道でながらく秘伝とされてきた叡智をもとに、「お清め方法」を伝授。

四六変型判上製　定価＝本体価格 1,500円＋税

電子版はKindle、楽天〈kobo〉、またはiPhoneアプリ（iBooks等）で購読できます。